Bärbel Löffel-Schröder

Lieber Gott, bist du da?

Geschichten für Kindergartenkinder

Über die Autorin

Bärbel Löffel-Schröder ist Autorin (unter anderem der beliebten „Maike"-Serie) und arbeitet seit vielen Jahren als Erzieherin. Besonders viel Erfahrung hat sie in der Arbeit mit Kindergartenkindern. Auf einfühlsame Weise gelingt es ihr, Kindern komplexe Themen zu vermitteln. Seit über zehn Jahren lebt und arbeitet sie in der Freien Christlichen Jugendgemeinschaft (FCJG) in Lüdenscheid. Dort engagiert sie sich im Leitungsteam der Kinder- und Teeny-Arbeit. Mehr Infos zur Autorin: www.baerbel-loeffel-schroeder.de

Bärbel Löffel-Schröder

Lieber Gott, bist du da?

Geschichten für Kindergartenkinder

Verlagsgruppe Random House FSC-DEU-0100
Das für dieses Buch verwendete FSC®-zertifizierte Papier *Classic 95*
liefert Stora Enso, Finnland.

© 2011 der deutschen Ausgabe by Gerth Medien GmbH, Asslar,
in der Verlagsgruppe Random House GmbH, München.

1. Auflage 2011
Best.-Nr. 816 596
ISBN: 978-3-86591-596-2

Covergestaltung: Immanuel Grapentin
Umschlag und Innenillustrationen: Verena Münstermann
(jodysart.wordpress.com)

Satz: Die Feder GmbH, Wetzlar
Druck und Verarbeitung: GGP Media GmbH, Pößneck
Printed in Germany

Inhalt

SERIE 1

Aufregung im Kindergarten

Das Aller-aller-Schönste

Emily liegt schon im Bett. Aber sie kann nicht schlafen. Sie ist ein bisschen aufgeregt. In ihrem Arm liegt ein kleines Stoffkätzchen. Das hat sie sich schon so lange gewünscht. Eine ganze Weile hat sie ihr Taschengeld gespart, um es sich kaufen zu können. Und heute ist es endlich so weit. *Das ist das Aller-aller-Schönste, was ich habe,* denkt sie.

„So, mein kleines Kätzchen, jetzt gehörst du zu mir", plaudert Emily mit dem Stofftier. „Ja, ich weiß, du hast ein bisschen Angst. Aber jetzt bin ich bei dir. Ja, kuschele dich ruhig an mich. Ich glaube, ich nenne dich Kuschi." *Ist Kuschi wirklich das Schönste, was ich habe?,* überlegt Emily. Sie schaut sich in ihrem halbdunklen Kinderzimmer um. Da steht ihr Kaufladen. Mia, Emilys Lieblingspuppe, liegt im Puppenbett. Die Kuscheltiere, ihre Spiele, die Bücher – Emily hat viele schöne Spielsachen. *Und jetzt habe ich auch noch mein Kätzchen,* denkt sie. *Das ist richtig toll.*

Sie legt ihren Kopf auf das Kissen zurück. Nanu, was ist das denn? Es wird plötzlich ein wenig heller im Zimmer. Oh, die Zimmertür geht auf. Wie kommt denn das? Emily sieht niemanden, obwohl die Tür sich bewegt. Doch plötzlich hört sie ein leises Winseln. Oh, tatsächlich, das ist ja Schneeflöckchen. „Schneeflöckchen, hast du mich erschreckt", schimpft sie leise. Aber sie muss auch ein bisschen lachen. Schneeflöckchen ist ihr Hund, ein echter Hund.

Emily und ihr Bruder Lasse haben ihn Schneeflöckchen genannt, weil sie ihn im Winter bekommen haben und er weiß wie Schnee ist.

Emily hat Schneeflöckchen richtig lieb. Und als sie ihren Hund nun so anschaut, da weiß sie plötzlich: Spielsachen sind schön, richtig schön. Aber noch schöner ist etwas Lebendiges, so wie ihr Hund. „Schneeflöckchen, du darfst doch nicht ins Kinderzimmer", flüstert sie leise. „Du bist aber einer, immer willst du zu mir. Morgen spielen wir wieder zusammen. Aber erst, wenn ich nach Hause komme. Ich muss ja in den Kindergarten. Finja und Merle warten doch auf mich. Weißt du, Schneeflöckchen, Merle, die braucht mich auch. Sie ist manchmal ein bisschen ängstlich, vor allem, wenn Moritz und Lasse so ein lautes Indianergeheul anstimmen. Schade, Schneeflöckchen, dass du nicht in den Kindergarten darfst. Aber es ist ja schließlich ein Kindergarten und kein Hundegarten."

Der kleine Pudel schaut Emily an, als könne er sie verstehen. „So, Schneeflöckchen, jetzt aber ab in dein Körbchen", flüstert Emily. Sie öffnet die Tür ganz weit und zeigt mit dem Finger nach draußen.

Ja, wenn man einen Hund hat, dann muss man ihm so manches erklären. Das ist klar.

Aber jetzt wird es wirklich Zeit, dass Emily schläft. Sie ist auch schon ganz müde. „Kuschi, ich schlafe jetzt", sagt sie leise. Und schon schläft sie ein. Sie träumt irgendetwas Schönes, von einer Katze und einem Hund und dass die beiden Fußball spielen …

KRAWUMM! kracht es. Die Fensterscheibe zittert richtig. Was ist denn da los? Es ist doch mitten in der Nacht!

Emily wacht auf. Es ist ganz dunkel. Und plötzlich ganz hell. Emily schaut aus dem Fenster. Blitze zischen über den Himmel. *Krawumm! Krawumm!*, donnert es. Puh, ist der Donner laut. Und jetzt wieder ein Blitz. Gefolgt von *Krawumm-wumm!* Emily möchte keine Angst vor einem Gewitter haben. Doch sie merkt, wie ihr Herz ein bisschen schneller schlägt. Sie will nicht allein sein. *Krawumm!* Wieder ein lauter Donnerschlag. Ob sie zu Mama laufen soll? Emilys blaue Augen sind ganz weit offen. Immer mehr Blitze jagen durch die dicken, schwarzen Wolken am Himmel. Nein, Emily möchte nicht allein sein.

Plötzlich hört sie Schritte. Die Tür öffnet sich und … na so was, ein brauner Wuschelkopf! Das ist ja Lasse, in seinem lustigen Schlafanzug mit dem Dino drauf.

„Lasse!", flüstert Emily. „Ja!", antwortet Lasse ganz leise. „Lasse, ich, ich glaube, ich hab ein bisschen Angst."

Lasse setzt sich auf den dicken Teppich vor Emilys Bett. „Deshalb bin ich ja gekommen, Emily. Ich weiß,

dass du viel mehr Angst vorm Gewitter hast als ich. Aber jetzt bin ich ja da. Jetzt brauchst du keine Angst mehr zu haben."

Emily schaut ihren Bruder an. Hmm, manchmal streiten sie sich. Aber jetzt ist sie so froh, dass sie einen großen Bruder hat. *Vielleicht ist es sogar das Aller-aller-Schönste …?* „Krawumm-wumm-wumm!", donnert es ganz laut. Vor Schreck greift Lasse nach Emilys Hand und drückt sie ganz fest. „Lasse?", fragt Emily besorgt, „du Lasse, bleibst du noch ein bisschen bei mir?"

„Na klar", verspricht Lasse. Er gähnt und macht es sich auf dem Teppich bequem. Emily kuschelt sich in ihre Kissen. Sie hat nicht mehr so schlimme Angst wie vorher. Allein dadurch, dass Lasse da ist, geht es ihr schon viel besser. Und der Donner wird auch leiser.

Lasse bleibt noch eine Weile bei Emily. Aber als das Gewitter fast vorbei ist, huscht er leise aus dem Zimmer. Er denkt, dass Emily schon schläft. Aber das tut sie nicht. Gut, dass ihr Bruder sie getröstet hat. Alles ist gut.

Mama hat ihr beigebracht, dass alles Gute von Gott kommt. Und dass sie mit ihm sprechen kann. „Lieber Gott, bist du da?", flüstert Emily im Dunkeln. „Danke für meine Kuschikatze. Über die freu ich mich ganz doll. Und für Schneeflöckchen. Etwas Lebendiges ist noch schöner als Kuschi. Aber vor allem danke ich dir für Lasse. Einen Bruder könnte ich mir nie kaufen – nicht mal für das Taschengeld auf der ganzen Welt." „Krawumm!", donnert es wieder. Emily zuckt vor lauter Schreck zusammen. Am liebsten würde sie gleich zu Mama laufen. Auf einmal fühlt sie sich wieder allein. Doch da fällt ihr etwas ein. Mama hat ihr auch gesagt, dass Gott sie nie allein lässt. Er ist immer bei ihr. Und er ist lebendig. Auch wenn Emily Gott nicht sehen kann. Allein dadurch, dass sie weiß, dass er da ist, geht es ihr schon viel besser. Gott hat sie lieb und lässt sie nie allein. *Vielleicht ist das ja das Aller-aller-Schönste …?*

Streit vermiest alles

Am nächsten Morgen scheint die Sonne auf Emilys Gesicht. Ganz warm ist das – und kitzelt Emily wach.

Schneeflöckchen bellt im Flur. Als Emily zum Bad geht, springt er munter um sie herum.

„Nein, du darfst nicht mit ins Badezimmer, Schneeflöckchen", erklärt Emily. Ja, wenn man einen Hund hat, dann muss man ihm so manches erklären. Das ist klar. Schnell kämmt sie ihre langen blonden Haare und frühstückt dann mit Mama und Lasse. Papa ist schon zur Arbeit gegangen.

Lasse fragt mit vollem Mund: „Mama, darf ich heute Schneeflöckchen an der Leine halten, wenn wir zum Kindergarten gehen?" „Ich will auch!", mault Emily. „Nicht immer Lasse. Der darf das immer!"

„Das stimmt doch gar nicht!", motzt Lasse und zieht eine Grimasse. Emily wird richtig sauer. Doch da greift Mama ein: „Kinder, streitet euch doch nicht. Streit vermiest uns den schönen Morgen. Ihr könnt euch abwechseln! So, und jetzt macht euch schnell fertig, es wird Zeit."

Heute freut Emily sich besonders auf den Kindergarten. Denn sie will Puppenhochzeit spielen mit ihren Freundinnen Finja und Merle. Sie kann es kaum abwarten …

Gut, dass der Weg zum Kindergarten nicht weit ist. Sie gehen an Sommerwiesen vorbei. Schmetterlinge flattern von Blume zu Blume. Lasse führt Schneeflöckchen gut an der Leine. Manche Leute lachen, wenn er ruft: „Schneeflöckchen, zieh nicht so an der Leine!"

„Ein Schneeflöckchen mitten im Sommer", sagt eine Frau lächelnd.

Schon stehen sie an der blauen Eingangstür vom Kindergarten. Sofort läuft Emily in den Gruppenraum. „Hallo Caroline!", ruft sie. „Guck mal, meine Puppe spielt heute die Braut. Sie heißt Mia." Caroline, die Erzieherin, lacht. „Zieh erst mal deine Hausschuhe an, Emily", sagt sie freundlich. Als sie ihre Schuhe auszieht, kommt Finja. Finja ist Emilys beste Freundin. Auch Finja hat ihre Puppe mitgebracht. Oh, ihre Puppe ist ja größer als Emilys Puppe. Und sie hat einen richtigen Puppen-Brautschleier.

Die beiden Mädchen laufen in die Puppenecke. Ach, wer ist denn da schon am Spielen? Oh nein, heute wollen sie hier allein sein. Der Moritz stört sie nur. Was macht der überhaupt in der Puppenecke?

„Du, Moritz, jetzt musst du aber hier raus", erklärt Emily.

„Warum?", fragt Moritz. „Das bestimmst du doch gar nicht, Emily."

Emily und Finja schauen sich an. Wie auf Kommando stellen sie sich vor Moritz auf. Dann schubst Emily ihn. „Los, raus aus der Puppenecke, wir spielen jetzt hier Hochzeit. Das hat Caroline uns erlaubt! Die Puppenecke gehört uns." Eigentlich stimmt das nicht ganz. Caroline hat nur gesagt, dass sie ihre Puppen mitbringen dürfen, aber nicht, dass ihnen die Puppenecke an diesem Tag gehört.

Moritz schubst nun auch Emily. „Hier, das kriegst du zurück. Und außerdem, mit euch will ich sowieso nicht spielen."

Dann dreht er sich um. Emily atmet tief aus. „So, jetzt kann es losgehen, Finja. Wie heißt denn deine Puppe?"

Finja schaut ihre Puppe stolz an. „Sie heißt Amanda. Ich hab ihr extra den Brautschleier angezogen."

„Oh", meint Emily. „Den Brautschleier kannst du mir mal leihen. Für meine Mia. Weil – die Mia spielt die Braut. Das habe ich mir schon gestern überlegt."

„Wieso denn?", fragt Finja. „Amanda sieht viel eher aus wie eine Braut." Die beiden Mädchen schauen sich an.

Emily verzieht den Mund. „Finja, das ist doch klar. Meine Mia spielt die Braut. Schließlich hatte ich die Idee, dass wir Puppenhochzeit spielen. Und ich habe Caroline gefragt, ob wir unsere Puppen mitbringen dürfen. Und außerdem habe ich Mia schon erzählt, dass sie die Braut sein darf."

Finja kneift den Mund zusammen. Dann erklärt sie bestimmt: „Guck doch mal, Emily. Deine Mia sieht nicht aus wie eine Braut. Sie hat noch nicht mal einen Schleier."

Nun ist Emily beleidigt. „Sag nicht noch mal, dass meine Mia nicht schön aussieht", erklärt sie trotzig. Finja entgegnet: „Weißt du was, Emily? Du willst immer bestimmen. Es macht gar keinen Spaß, mit dir zu spielen." Emily ist traurig und motzt: „Nein, Finja. DU willst immer nur, dass deine Puppe die Braut ist. Und das macht mir keinen Spaß."

Die beiden Mädchen stehen sich gegenüber. Beide drücken ihre Puppen an sich. „Dann spiele ich eben nicht mit dir", schimpft Emily. „Und ich auch nicht mit dir", gibt Finja im gleichen Ton zurück.

Das ist nicht schön. Es ist überhaupt nicht schön.

Beide Freundinnen hatten sich doch auf das gemeinsame Spielen gefreut. Und jetzt?

Oh, da kommt ja Merle. „Na?", begrüßt sie die Freundinnen mit einem Lächeln. „Na?", antworten die Beiden. Aber Merle hört schon an ihrem Tonfall, dass sie nicht fröhlich sind.

„Wir wollen doch heute Hochzeit spielen", erinnert Merle sie. Da sieht sie Amanda. „Oh, Finja, deine Puppe hat ja einen Schleier. Dann muss sie die Braut spielen."

Das ist zu viel für Emily. „Ich spiele nur mit, wenn Mia die Braut ist", stößt sie hervor. Merle und Finja schauen sich an.

„Tja, dann kannst du eben nicht mitspielen, Emily, stimmt's, Merle?"

„Ja, genau, dann spielen wir eben allein", fügt Merle hinzu und schaut Emily ein bisschen frech an.

Emily schießen Tränen in ihre Augen. Sie findet das richtig gemein. „Na und?", sagt sie. „Ist mir doch egal. Dann spiele ich eben nicht mit. Macht doch euer blödes Spiel allein."

Aber es ist ihr nicht egal. Sie nimmt Mia und geht zu ihrem Platz auf der Garderobenbank. Sie möchte allein sein. Trotzig schiebt sie ihre Unterlippe nach vorn. Am liebsten würde sie Mama erzählen, wie frech ihre Freundinnen zu ihr sind.

Aber Mama ist ja schon weg. Da fällt ihr ein, was Mama heute Morgen gesagt hat: „Streitet doch nicht. Streit vermiest uns den Tag."

Stimmt. Streit vermiest alles. Und wer soll sie jetzt trösten? Mama würde jetzt mit Gott reden. „Lieber Gott", flüstert Emily. „Ich weiß, du bist da. Ich will, dass Mia die Hauptrolle spielt. Und jetzt möchte Finja immer, dass ihre Puppe die Braut ist. Und Merle hält auch noch zu ihr."

Auf einmal spürt Emily, dass Gott ihr ganz nah ist. Bestimmt findet er es auch gut, wenn Emily ihren Willen bekommt, oder?

Doch plötzlich merkt Emily, dass es für Gott nicht wichtig ist, wer die Hauptrolle spielt. Er freut sich viel mehr darüber, wenn sich alle wieder vertragen. *Hm*, fragt sich Emily, *ob sie zu den beiden Mädchen zurückgehen soll?*

„Das ist aber ein bisschen schwer, lieber Gott", betet sie. „Bitte hilf mir."

Sie nimmt ihre Mia fest in den Arm und schlendert zur Puppenecke. Es tut etwas weh, zu sehen, wie Finjas Puppe schön geschmückt als Braut auf dem Stuhl sitzt.

„Na, Emily?", sagt Finja. „Willst du, dass deine Mia die Freundin der Braut ist? Komm, sie kann den Blumenstrauß tragen. Und sie darf neben der Braut sitzen."

Finja drückt Emily einen Blumenstrauß aus Plastik in die Hand. Sie befestigen den Strauß in Mias Hand. Die Puppe sieht jetzt sehr schön aus. Genauso schön wie die Puppenbraut.

„Sollen wir uns wieder vertragen?", fragt Emily ein wenig unsicher. „Ich möchte doch gern mit euch spielen." Die beiden Freundinnen nicken. „Ist wieder okay", antworten sie. „Weißt du was?", meint Mia noch. „Ich kann dir ja später mal Amandas Brautschleier ausleihen. Für

deine Mia. Bestimmt sieht sie dann auch besonders schön aus."

Nun kann es endlich losgehen. Die drei Mädchen suchen einen Puppenjungen als Bräutigam und tun so, als ob sie ein ganz besonderes Hochzeitsessen kochen. „Wenn alles fertig ist", schlägt Emily vor, „dann hole ich meine kleine Puppe. Die heißt Mandy. Sie kann das Blumenmädchen sein."

„Oh ja, gute Idee!", stimmt Finja zu.

Es macht viel Spaß, Puppenhochzeit zu feiern. Fast hätte der blöde Streit alles vermiest. Ist doch nicht das Wichtigste, wer die Hauptrolle spielt, oder?

Der große Schreck und das Schweigen

Moritz langweilt sich ein wenig. Außerdem ärgert er sich darüber, dass Emily und Finja ihn aus der Puppenecke geschickt haben. Und Emily hat ihn auch noch geschubst. Was die für ein Theater mit ihren Puppen machen! Eigentlich würde er Emily auch gern ein bisschen ärgern.

Als er durch den Flur der Kindergarderobe geht, sieht er eine kleine Babypuppe auf der Bank liegen.

Die könnte doch Emily gehören, denkt er. Er schaut auf das kleine Schild über dem Platz. *Ja, das ist Emilys Platz, sie hat das Bild mit dem Elefanten.*

Plötzlich kommt ihm eine Idee. Er könnte die Puppe doch verstecken, oder? Bestimmt würde Emily sich ärgern. Oder vielleicht sogar ein bisschen weinen.

Moritz nimmt die kleine Puppe in die Hand. Da kommt ihm plötzlich eine andere Idee. Ja, das ist noch besser. Er wird die Puppe ein bisschen verdrehen. Zuerst zieht er an den Puppenbeinen. Eines dreht er nach hinten und das andere nach vorn. Und jetzt die Arme. Moritz will den einen Arm der Puppe ganz fest nach hinten ziehen. Oh, das geht aber schwer. Er dreht noch ein wenig, zieht noch ein bisschen – da gibt es plötzlich einen Knacks und – das darf doch wohl nicht wahr sein: Der Arm ist ab! Oh nein! Das wollte er nicht. Wirklich nicht! Das ist richtig schlimm. Wenn das Caroline sieht. Und Emily. Er wollte Emily ja ein bisschen ärgern. Aber er wollte nichts kaputtmachen.

Moritz bekommt richtig Angst. Bestimmt würde ihm keiner glauben, dass es ihm aus Versehen passiert ist?

Plötzlich hört Moritz Schritte. Schnell schiebt er die Puppe unter Emilys Jacke. Den Arm der Puppe legt er so hin, als ob er noch dran wäre. Dann schlendert er durch den Flur, als ob nichts gewesen sei.

„Moritz, was machst du denn? Komm, wir spielen weiter", ruft Lasse. „Ja, ich komme ja schon." Moritz fühlt sich nicht sehr gut. Er weiß, dass er eigentlich Caroline sagen müsste, dass ihm die Puppe kaputtgegangen ist. Aber er traut sich nicht. Vielleicht wird sie mit ihm schimpfen. Oder es seiner Mama sagen. Und Mama wird es vielleicht Papa erzählen. Dieses Wochenende ist nämlich Papa-Wochenende. Moritz' Papa wohnt nicht mehr bei ihm und seiner Mama. Aber er hat ihn lieb und holt ihn jedes zweite Wochenende ab. Papa soll nicht wissen, dass Moritz eine Puppe kaputtgemacht hat. Sein Vater soll gut über ihn denken. Moritz ist nämlich sowieso ein bisschen traurig darüber, dass Papa von zu Hause ausgezogen ist. Wenn er mit ihm zusammen ist, fühlt er sich immer gut. Ja, er wird die Sache mit der kleinen Puppe einfach vergessen. Schließlich hat er es nicht extra gemacht. Und außerdem hat Emily ihn geärgert.

Moritz versucht zu vergessen, was ihm passiert ist. Manchmal schafft er es auch, vor allem, als er mit Lasse die große Eisenbahn baut.

„Sch, sch, sch, der Schnellzug kommt", ruft er laut.

Er freut sich schon sehr auf das Wochenende. Auf seinen Papa. Der hat versprochen, dass sie etwas ganz besonderes zusammen unternehmen wollen. Das wird schön werden.

Als Moritz schon weg ist, läuft Emily in den Flur. Sie sucht ihre Puppe. Die soll ja das Blumenmädchen spielen. Zuerst sieht sie das Puppenbaby nicht. *Komisch, ich hatte Mandy doch auf meinen Platz gelegt,* überlegt Emily. Da sieht sie plötzlich ein Bein der Puppe unter ihrer Jacke hervorschauen. „Ach, hast du dich zugedeckt?", fragt sie ihre Mandy. Sie will den Arm der Puppe fassen und – was ist das denn? Der Puppenarm ist ja abgebrochen. Er liegt einfach so neben ihrer Puppe. Das ist schlimm. Es ist nicht nur schlimm. Es ist schrecklich. Das muss ja jemand extra gemacht haben. Von selbst fällt doch ein Puppenarm nicht ab. So etwas ist einfach gemein. Ganz gemein.

Zuerst einmal muss Emily nun weinen. Richtig weinen. Sie weiß nicht, was sie tun soll. Wer kann nur so gemein gewesen sein? Emily bleibt einfach auf ihrem Platz sitzen und die Tränen kullern aus ihren Augen.

Plötzlich stehen Finja und Merle neben ihr. „Emily, was hast du denn?", fragt Merle. Emily hält den beiden Mädchen ihre kleine Puppe hin. Die beiden staunen mit offenem Mund. „Was ist das denn? War die schon kaputt?", fragt Finja. „Die hat bestimmt einer kaputt gemacht!?", meint Merle. „Caroline!", ruft sie dann.

„Caroline, guck mal." Die Erzieherin kommt zu den Kindern.

„Was ist denn los, Emily?", fragt Caroline.

Emily schluchzt: „Ich, ich wollte meine Puppe holen und sie war ganz und jetzt, jetzt ist ihr Arm abgerissen.

Wo, wo ist Lasse? Der soll kommen." Wenn Emily traurig ist, hat sie immer gern ihren großen Bruder bei sich.

Caroline legt den Arm um sie. „Ach komm, Emily. Ich glaube, das kriegen wir wieder hin. Halt du die Puppe mal fest, damit sie keine Angst hat. Denn sie kennt mich ja noch nicht so gut. Ich renke ihr den Arm wieder ein." Caroline nimmt den Puppenarm in die Hand. Es macht einmal „Plopp!" Tatsächlich: Mandy ist wieder ganz heil. Emily hört auf zu weinen.

„Aber wer hat das denn getan?", überlegt Caroline. „Das müssen wir noch klären."

Finja nimmt die kleine Puppe auf den Arm. Sie läuft mit ihr in die Puppenecke und legt ihr eine kleine rote Plastikblume in den Arm. Dann bringt sie sie zu Emily. „Guck mal, dein Blumenmädchen Mandy ist sehr schön."

Als die Kinder später zusammen im Spielkreis sitzen, eröffnet Caroline das Gespräch. „Emily, erzähl doch mal, was dir heute passiert ist."

Emily hält ihre Puppe hoch. „Jemand hatte meiner Puppe den Arm abgerissen", sagt sie kläglich. „Und ich weiß nicht, wer es war. Caroline hat sie wieder heil gemacht."

Die Kinder gucken Emily erschrocken an. Moritz wird es ganz heiß innendrin.

Caroline sagt: „Ihr wisst ja, wenn man etwas falsch gemacht hat, soll man es sagen und in Ordnung bringen. Also: Wer hat Emilys Puppe kaputt gemacht?" Die Mädchen und Jungen schauen sich gespannt im Stuhlkreis um. Keines der Kinder meldet sich.

Das ist nicht schön.

Emily ist einerseits wütend, weil ein Kind ihre Mandy so behandelt hat.

Andererseits ist sie ein bisschen getröstet, weil Caroline ihr so gut geholfen hat. Leise sagt sie: „Danke, lieber Gott: für Caroline, dass alles noch gut ausgegangen ist, und für meine Freundinnen. Es ist schön, Freunde zu haben."

Aber Moritz geht es nicht gut. Gar nicht gut. Was passiert wohl, wenn alles doch rauskommt?

Ehrlichsein tut gut

Eigentlich will Moritz nicht mehr an die dumme Sache mit der Puppe denken. Heute ist wieder ‚Papa-Wochenende‘. Nach dem Mittagessen malt er ein Bild. Das will er Papa gleich geben, wenn er kommt, um Moritz abzuholen. Dann freut sich sein Vater sicherlich. Papa hat in seiner neuen Wohnung eine schöne Schachtel. Auf der Schachtel steht: Moritz. Darin hebt er alle Bilder auf, die Moritz ihm schenkt.

Und nun malt Moritz seinen Papa und dann sich selbst daneben, wie er seinen Papa an der Hand hält. So, jetzt fehlen noch ein paar Blumen auf dem Bild.

Moritz malt Blumen und Gras und seinen Teddy, der auf einem Stuhl im Garten sitzt und – oh, das hatte er sich gar nicht überlegt, jetzt hat er doch tatsächlich eine Puppe gemalt. Sie sieht fast so aus wie Emilys Puppe und neben ihr liegt der Puppenarm. Na so was. Moritz nimmt schnell einen dunkelgrünen Stift und malt einen dicken Busch über die kaputte Puppe. Denn er will natürlich nicht, dass Papa fragt: „Was ist denn das für eine Puppe? Der fehlt ja ein Arm.“

So, jetzt will er aber noch schnell ein Bild für Mama malen. Mama hängt seine Bilder immer an den Kühlschrank in der Küche. Moritz hat so viel zu tun, dass die Zeit schnell vergeht. Da klingelt es auch schon. „Papa!“, ruft Moritz und rennt zur Tür. Er strahlt richtig. Er umarmt Papa ganz fest und dann sagt er: „Ich kann jetzt pfeifen.“ Er macht es auch gleich vor: „Pfft, Pfft!“ Dann schenkt er Papa sein Bild. Papa freut sich sehr. „Was du nicht alles kannst!“, lobt er seinen Sohn.

Als sein Vater dann sagt: „So, Moritz, jetzt verrate ich dir, was wir unternehmen", hüpft Moritz vor Freude in die Luft. Papa will mit ihm zum Abenteuerspielplatz gehen. Das wird Spaß machen.

Als Papa und Moritz auf dem Spielplatz ankommen, freut sich Moritz so sehr, dass er ein Kribbeln im Bauch spürt.

Er war noch nie auf dem Abenteuerspielplatz. Besonderen Spaß macht es ihm, auf dem Trampolin zu hüpfen. Manchmal hat er das Gefühl, als würde er hoch bis zu den Wolken springen.

Der ganze Nachmittag ist so schön. Nur manchmal hat Moritz so ein komisches Gefühl. Was ist das nur? Ja, da ist es wieder, ganz tief in sich drin fühlt er sich etwas traurig. Und das hat mit der Puppe zu tun. Ihm ist sie kaputt gegangen. Aber er hat sich nicht gemeldet.

„Du, Papa?"

„Ja?"

„Du, Papa, weißt du was? Ich gehe nicht mehr in den Kindergarten", erklärt er.

„Was?" fragt Papa erstaunt. „Du willst nicht mehr in den Kindergarten? Aber warum denn nicht? Du bist doch sonst immer so gern gegangen."

„Aber jetzt gehe ich nicht mehr hin. Ich hab keine Lust mehr."

Papa schaut ihn an, als ob er weiß, dass Moritz über irgendetwas traurig ist.

„Nun sag schon, Moritz. Was war denn los im Kindergarten?"

„Wieso denn? Ich will einfach nicht mehr hin", erklärt Moritz. Doch plötzlich muss er schlucken und seine Augen werden ein bisschen nass.

„Was ist denn los, mein großer Junge?", fragt Papa und nimmt ihn in den Arm.

„Ja, ich, also ich …", stößt Moritz hervor. Und dann erzählt er Papa die ganze Geschichte.

Von der Puppe und dass er sie einfach nur ein bisschen verdrehen wollte und dass dann der Arm abging und …

Papa hält ihn fest und dann sagt er: „Hm, was machen wir denn da?"

„Wir?", fragt Moritz.

„Ja, wir. Wir gehören doch zusammen. Und wenn es Schwierigkeiten gibt, dann helfe ich dir. Ich weiß was", fällt es Papa ein: „Ich nehme mir Montag eine Stunde frei und gehe mit dir in den Kindergarten. Dann erklären wir diesem Mädchen und auch der Erzieherin, was dir passiert ist. Wie heißt sie nochmal?" „Caroline."

„Ach ja, Caroline."

Moritz lehnt sich eng an Papa. Das ist aber schön, dass Papa ihm helfen wird. Und er hat kein bisschen geschimpft. Moritz geht es schon viel besser. Ehrlichsein tut irgendwie gut.

Moritz entschuldigt sich

Trotzdem fällt es Moritz schwer, am Montag mit Papa in den Kindergarten zu gehen. Als sie vor der mit lustigen Käfern beklebten Tür des Gruppenraums stehen, möchte er am liebsten weglaufen. Ihm ist es irgendwie so peinlich, mit Emily zu sprechen. Und vor allem, es Caroline zu sagen. Als ob sein Papa spürt, wie es Moritz geht, nimmt er seine Hand und drückt sie. Moritz schaut ihn an. „Sprich du mit dem Mädchen", sagt Papa. „Ich sage es der Erzieherin. Kopf hoch, mein Junge", tröstet er. „Das wird schon." Er streicht Moritz über seine kurzen Haare, sodass die richtig nach oben stehen.

Moritz geht langsam in den Gruppenraum. Hoffentlich ist Emily wenigstens allein. Er will ihr die Sache mit der Puppe nicht sagen, wenn ihre Freundinnen dabei sind. Ach, da sitzt sie ja, am Maltisch. Moritz setzt sich neben sie. „Na, willst du auch malen?", fragt Emily. Moritz nimmt ein Blatt und kritzelt darauf herum. Dann sagt er: „Du, Emily, ich wollte nur sagen, dass mir das mit der Puppe passiert war. Entschuldige bitte."

„Du warst das?", fragt Emily. „Das war aber blöd von dir. Richtig gemein. Und außerdem hast du dich nicht getraut, es zu sagen. Das erzähle ich Caroline."

„Caroline weiß es schon", sagt Moritz. Er schämt sich. Moritz läuft in die Bücherecke, nimmt ein großes Bilderbuch und hält es vor sein Gesicht.

„Moritz?" Ist das nicht Papas Stimme? „Du, Moritz, ich hab Caroline gesagt, dass es dir leid tut. Alles okay, mein Großer?" Moritz nickt.

„So, tschüss, mein Junge, ich muss zur Arbeit. Bis

übernächstes Wochenende." Papa nimmt Moritz in den Arm. Das tut gut. Moritz ist so froh, dass Papa mitgekommen ist.

Emily ist noch ganz aufgeregt. *Der böse Moritz*, denkt sie. *Das werde ich allen erzählen, dass er die Puppe kaputt gemacht hat und es noch nicht mal gesagt hat.*

Aber irgendwie hat Emily so ein Gefühl in sich, als ob das, was sie denkt, nicht richtig ist. Sie spürt so eine Frage in sich: *Hast du noch nie etwas falsch gemacht?*

Emily weiß, dass sie auch schon oft Dinge getan hat, die nicht richtig waren. Dann hat sie Jesus um Entschuldigung gebeten. Das hat Mama ihr so erklärt. Hm, wenn Jesus ihr verzeiht, dann möchte er ja auch, dass sie anderen verzeiht. Auch dem Moritz? Ja, das weiß Emily plötzlich ganz sicher. Und jetzt ist sie etwas aufgeregt.

Sie weiß, dass sie zu Moritz gehen und ihm verzeihen soll, was er getan hat. Das ist schwer. „Jesus, bitte hilf mir", betet sie leise. Dann geht sie langsam in die Bilderbuchecke.

Das Kindersofa quietscht ein bisschen, als sie sich hinsetzt.

„Na, Moritz?", sagt sie. „Na?", antwortet Moritz so vor sich hin. „Du, Moritz, also, du, das mit der Puppe, das ist okay. Bitte entschuldige, dass ich erst so sauer auf dich war. Und dass ich dich geschubst habe. Freunde?", fragt sie. „Na, gut, Freunde", erklärt Moritz und die beiden Kinder lächeln sich ein bisschen an. Einfach war das nicht.

Warum ist es nur so schwer, jemandem zu verzeihen?

SERIE 2

Emily, Lasse und die Pünktchen

Die Pünktchengeschichte

Hm, frische Brötchen. Lecker. Es macht Spaß, mit Mama und Papa zusammen gemütlich zu frühstücken.

Heute ist kein Kindergarten, weil Samstag ist.

Lasse ruft leise: „Schneeflöckchen", und gibt ihm unter dem Tisch ein kleines Stückchen Wurst. Das darf er nicht. „Lasse", ermahnt Papa ihn.

Und was sagt Mama da?

„So Kinder, heute ist mal wieder unser Familienaufräumtag."

Oh nein. Aufräumen mögen Emily und Lasse gar nicht. Sie ziehen ziemlich lange Gesichter.

Lasse sagt schlau: „Ach, Mama, ich habe eine Idee. Wie wäre es, wenn ich mit Schneeflöckchen in den Garten gehe – er braucht doch jeden Tag seinen Spaziergang – und du räumst dafür mein Zimmer auf?"

Aber die Idee gefällt Mama gar nicht. „Nein, Lasse, das ist kein guter Tausch", antwortet sie. „In deinem Zimmer liegen so viele Autos auf dem Fußboden, dass ich gar nicht staubsaugen konnte."

Papa schaut Mama an. „Übrigens, wir haben uns etwas überlegt", erklärt er. Er zeigt den Kindern zwei Karten. „Diese Karte hier gehört Emily. Auf deiner Karte kannst du rote Punkte sammeln. Und das hier ist deine Karte, Lasse. Für dich gibt es blaue Punkte. Jedes Mal, wenn ihr euer Zimmer ordentlich aufgeräumt habt, bekommt ihr einen Klebepunkt. Und wenn ihr zwanzig Punkte habt, gehen wir zusammen Hamburger und Pommes essen."

Oh. Das gefällt Lasse. Auch Emily lächelt. Beide Kinder laufen in ihre Kinderzimmer. Emily sammelt zuerst einmal langsam ihre Kuscheltiere ein. Sie hat nämlich gestern Zoo gespielt. Der kleine Affe, der Elefant, die Ziege und der Löwe kommen in ihren Stall zurück. Was macht denn Lucky da? Lucky ist Emilys Lieblingspferd. Und es ist gerade dabei, wegzulaufen. „Lucky, wo willst du denn hin? Ach, du suchst wieder das kleine Fohlen", spielt Emily. „Komm, ich helfe dir. Ist es wieder weggelaufen?"

Emily spielt eine Weile mit Lucky und läuft ins Wohnzimmer, um mit Lucky das kleine Fohlen zu suchen.

Sie vergisst völlig, dass sie eigentlich aufräumen sollte. Oh, was liegt denn da auf dem Tisch? Ach, die roten Punkte und ihre Punktekarte. Plötzlich hat Emily eine Idee. *Zum Aufräumen habe ich keine Lust. Ich glaube, ich klebe einfach alle Punkte auf meine Karte. Denn wenn ich zwanzig Punkte habe, gehen wir Hamburger essen. Ja, das mache ich.*

Emily kann zwar noch nicht bis zwanzig zählen, aber sie klebt die Punkte sorgfältig auf. Bestimmt sind das mehr als zwanzig.

So ein ganz gutes Gefühl hat sie dabei nicht. Sie weiß, dass sie eigentlich die Punkte nur dann bekommt, wenn sie gut aufräumt. Aber wenn sie dazu eben keine Lust hat?

Es macht Spaß, mit Lucky und dem Fohlen zu spielen. Gerade haben Emily und Lucky das wilde schwarze Fohlen wieder eingefangen und in den Stall gebracht, als Emily die Stimmen von Mama und Papa im Wohnzimmer hört.

Sie klingen ganz schön ärgerlich. „Jetzt guck dir das an. Da hat doch eins der Kinder einfach die Punkte auf die Karte geklebt. Das gibt es doch nicht. Emily, Lasse!"

„Ja, Mama?", ruft Lasse. „Warte, ich komme. Ich hab schon ganz viel aufgeräumt."

Die Mutter zeigt den Kindern die Karte. „Wer hat das gemacht?", fragt sie. „Wir hatten doch erklärt, dass es nur einen Punkt gibt, wenn man aufräumt." „Emily?", fragt Papa streng.

Emily schluckt. „Ich? Ich war das nicht." Das ist gelogen und das weiß Emily auch. Mama und Papa sind enttäuscht. „Emily, stimmt das?" fragt der Vater. „Ja, ich war das nicht. Warum soll ich denn immer alles gewesen sein?", schmollt Emily. Da fällt ihr etwas ein. „Ah, ich glaube, ich weiß es: Lucky war es. Ja, genau. Ich hatte doch mit Lucky hier gespielt. Bestimmt war es Lucky."

Die Mutter schüttelt den Kopf.

Papa fragt ärgerlich: „Emily, was erzählst du uns denn da für eine Geschichte?"

Emily geht zurück in ihr Zimmer.

Aber sie ist nicht fröhlich. Sie hätte nicht lügen dürfen, das weiß sie. Emily setzt sich auf ihr Kinderbett und nimmt ihr braunes Pferd mit dem weißen Fleck zwischen den Ohren auf den Arm. „Lucky", flüstert sie leise. „Lucky, ich habe die Punkte aufgeklebt und dann habe ich es nicht gesagt."

Emily weiß, dass Lucky ihr nicht helfen kann. Aber wer kann ihr helfen? Ja, sie weiß, sie könnte mit Jesus darüber sprechen. Er ist doch der Sohn von Gott. Und er kann alles. „Jesus, du, weißt du was, du kannst doch machen, dass Mama und Papa nicht merken, dass ich es war und dass wir noch Hamburger essen und …" Nein, so geht das wohl nicht. Jesus wird ihr nicht beim Lügen helfen, das ist Emily klar. „Ja, ich weiß, ich soll es Mama und Papa sagen, Jesus. Du, Jesus, bitte entschuldige das mit dem Lügen. Und jetzt gehe ich zu Mama und Papa und sage, dass ich es doch war."

Emily will die Sache in Ordnung bringen. „Mama", sagt sie und schaut dabei auf den Boden, „Mama, ich hatte die Punkte aufgeklebt. Entschuldigung."

„Ja, Emily, gut, dass du es gesagt hast. Leider kannst du heute dann aber auch keinen Punkt bekommen. Du hast schließlich nicht aufgeräumt. Und wir müssen erst eine neue Punktekarte holen. Denn diese hier gilt ja nicht. Aber wenn du nächste Woche aufräumst, dann bekommst du den ersten richtigen Punkt auf deine Karte."

„Ja", nickt Emily. Sie ist froh, dass alles wieder in Ordnung ist.

Schneeflöckchen und die Pünktchenkarte

Nach einigen Wochen haben Emily und Lasse einige Punkte auf ihrer Karte.

Schon mehrmals haben sie ihr Zimmer gut aufgeräumt oder Mama in der Küche geholfen. Beide sind ziemlich fleißig gewesen.

„Mama?", fragt Emily, kannst du mir mal meine rote Pünktchenkarte geben? Ich will zählen, wie viele Punkte ich schon habe."

„Und wo ist meine Karte?", ruft Lasse.

Mama holt die Karten aus dem Schrank. „So, ihr könnt sie euch anschauen. Ich glaube, es dauert nicht mehr lange und ihr bekommt eure Belohnung", sagt Mama freundlich.

„Ja!", ruft Emily. Sie zählt ihre Punkte. Mama hilft ihr dabei.

„Zehn! Es sind zehn Punkte!", sagt Mama. Emily freut sich.

„Na, Lasse, und wie viele hast du?"

Lasse zählt seine Punkte. „Ich habe auch zehn", stellt er fest.

„Juhu, bald gibt's Hamburger!", Emily und Lasse jubeln lachend. „Wir sind echt gut!"

Das gefällt Schneeflöckchen. Der kleine Hund mag es, wenn die Kinder lachen.

Wenn eines der Kinder mal weint, dann jault er manchmal ein bisschen, als ob er dann auch traurig ist. Aber nun stellt er sich auf die Hinterbeine und springt an Lasses Bein hoch.

Plötzlich kommt Lasse eine Idee: „Emily, weißt du

was? Wir können ja eine Pünktchenkarte für Schnee-flöckchen machen."

„Wie meinst du das denn?", fragt Emily erstaunt. „Also", erklärt Lasse, „immer, wenn der Hund etwas gut macht, bekommt er ein Pünktchen. Und wenn die Karte voll ist, geben wir ihm einen Hundekuchen."

„Oh ja, das ist lustig", findet Emily.

„Komm, Schneeflöckchen", lockt Lasse den Hund in den Flur. „Emily, du kannst ja schon mal eine Punkte-karte fertig machen und ich übe ein Kunststück mit Schneeflöckchen ein. Wenn er es gut schafft, bekommt er einen Punkt."

Emily läuft in ihr Kinderzimmer. Mit ihrer Kinder-schere schneidet sie eine kleine Karte aus. Die ist weiß, genauso weiß wie Schneeflöckchen. Und dann sucht sie einen schönen roten Malstift aus. Mit dem kann sie spä-ter die Punkte malen.

„Na, Lasse?", fragt sie, als sie in den Flur kommt, „hast du schon etwas mit Schneeflöckchen eingeübt?"

Lasse schüttelt den Kopf. „Ach, der Hund macht gar nicht, was ich ihm sage. Schneeflöckchen", sagt Lasse und schaut den kleinen Hund an, „du sollst ein Kunst-stück vormachen, dann bekommst du einen Punkt. Und wenn du 20 Punkte hast, kriegst du einen Hundeku-chen."

Der kleine Pudel schaut Lasse mit seinen lieben Hun-deaugen an. „Wau, wau", bellt er. Ob er Lasse versteht?

Plötzlich hat Emily eine Idee. „Lasse, wir können

Schneeflöckchen doch ein bisschen verkleiden. Dann sieht er aus wie ein ganz besonderer Hund. Das wäre doch lustig, wenn er Kunststücke in einer Verkleidung aufführt, oder?"

Lasse überlegt: „Aber wie willst du ihn denn verkleiden, Emily?"

Emily läuft in ihr Kinderzimmer. Eigentlich müsste dem kleinen Pudel doch die Kleidung von ihrer großen Puppe passen. Sie zieht ein Kleid hervor. Ja, das würde sicher schön aussehen. Es ist lila und ihr Puppen-Lieblingskleid.

„Komm mal her, Schneeflöckchen", lockt sie den kleinen Hund. Sie stellt seine Hinterpfoten in das Kleid hinein und zieht es dann vorsichtig über sein Hinterteil und den Rücken. Das sieht richtig lustig aus. Jetzt macht sie noch den Klettverschluss zu. Das Kleid passt. Es ist nicht zu eng. Ein Hund mit einem Hundekleid. Das müssten ihre Freundinnen im Kindergarten sehen.

„So, Schneeflöckchen", fordert Lasse den Pudel auf, „jetzt spring mal über diesen kleinen Stock." Er hält Schneeflöckchen den kleinen Stock vor seine Hundebeine. Und was tut Schneeflöckchen? Er beißt in den Stock. „Nein, Schneeflöckchen, so doch nicht", ruft Lasse. „Du sollst springen! So, jetzt spring aber schön über den Stock."

Lasse kitzelt Schneeflöckchen ein bisschen mit dem Stöckchen und hält dann den Stock nochmals vor den kleinen Pudel. Aber Schneeflöckchen versteht nicht, was Lasse von ihm will. „Ach, was bist du für ein dummer Hund, Schneeflöckchen", ruft Lasse. Emily schaut Schneeflöckchen nachdenklich an.

„Du, Lasse, wir können ja mit einer leichteren Übung anfangen. Komm, wir holen deine Schubkarre und setzen Schneeflöckchen hinein und fahren ihn durch den Flur."

„Na gut", stimmt Lasse zu. Er holt seine Schubkarre aus dem Kinderzimmer und hebt den kleinen Pudel hinein. Dann nimmt er die Schubkarre vorn an den Griffen und ruft: „Meine Damen und Herren, hier sehen sie den weltberühmten Pu …" In diesem Moment springt Schneeflöckchen aus der Schubkarre. Wau, wau, bellt er entrüstet. Anscheinend mag er es nicht, in einer Schubkarre spazieren gefahren zu werden.

„Oh nein, Schneeflöckchen!", ruft Emily. Lasse ist ärgerlich. „Schneeflöckchen, du kannst aber auch gar nichts."

Er droht dem kleinen Hund mit dem Finger. Schneeflöckchen schaut ihn erschreckt an und jault. Da tut es Lasse leid, dass er mit dem Pudel geschimpft hat.

„Ach, Schneeflöckchen, ich wollte dich nicht erschrecken. Ist doch nicht so schlimm, wenn du nichts Besonderes kannst."

„Macht doch nichts", fügt Emily hinzu. „Du bist trotzdem ein ganz besonderer Hund." „Genau", lächelt Lasse. „Ein ganz besonderer Hund, weil wir dich ganz besonders lieb haben." Und nun wollen Emily und Lasse Schneeflöckchen genau gleichzeitig streicheln und stoßen dabei fast mit ihren Köpfen zusammen. Da müssen die beiden Geschwister lachen.

Und – ja, was ist das denn? Schneeflöckchen freut sich so, dass er sich auf die Hinterbeine stellt und sich ein bisschen bewegt. Wau, wau, bellt er fröhlich.

„Er kann tanzen", ruft Emily.

„Er macht ein Kunststück", freut sich Lasse. Und die beiden Kinder lachen noch mehr. Dann holt Emily die weiße Hunde-Pünktchenkarte und malt ganz viele Punkte darauf. Sie hält Schneeflöckchen die Karte hin und der – beißt einfach hinein. Na so was! Ihm sind Punkte völlig egal.

Der allerbeste Vater

Heute hat Lasse Langeweile. Papa ist gerade an der Wohnungstür und spricht mit einem Nachbarn. Mama ist mit Emily zum Einkaufen gegangen. Lasse überlegt, was er spielen könnte. Am liebsten würde er ein bisschen am Computer sitzen und das lustige Affenspiel öffnen. Er darf ja jeden Tag eine kurze Zeit am Computer spielen. Das haben Mama und Papa mit ihm besprochen. Eigentlich muss er vorher fragen. Aber – wen soll er denn fragen? Mama ist nicht da. Und Papa kann er jetzt auch nicht stören.

Ach, er weiß doch schon allein, wie er sein Spiel finden kann. Dafür braucht er keine Hilfe mehr. Er muss einfach nur mit der Computermaus auf das Bild mit dem Affen drücken, dann kommt sein Spiel. Mal sehen, ist der Computer an? Oh ja. Na, das ist gut, dann kann er ja gleich anfangen. Hm, was ist das denn? Ach so, Papa hat anscheinend etwas geschrieben. Lasse sieht viele Buchstaben und Zahlen auf dem Bildschirm.

Lasse kann ja noch nicht lesen.

Aber er weiß schon, wie man es macht, dass man die Wörter oder Zahlen nicht mehr sieht. Er hat schon oft zugeschaut, wie Papa das gemacht hat. Papa drückt dann immer auf das kleine Kreuzchen, was man oben auf dem Bildschirm sieht. So wird Lasse das jetzt auch machen. Lasse geht mit der Computermaus auf das kleine Kreuzchen. Klick. Oh, was steht denn jetzt da? Das kann Lasse nicht lesen. Man kann entweder auf das kleine Wort auf der einen Seite oder auf das kleine Wort auf der anderen Seite drücken. *Ach, das ist doch egal*, denkt Lasse, *auf welches Wort ich klicke.* Er nimmt die Computermaus und drückt. Klick. Ja, das hat geklappt. Alle Wörter und Zahlen sind verschwunden. Papa wird sich wundern, dass Lasse schon so gut mit dem Computer umgehen kann.

So, nun kann er auf sein Affenspiel klicken. Da ist er ja schon, der lustige Affe.

Er hat eine kleine rote Hose an und einen lustigen bunten Hut auf.

Plötzlich hört Lasse, wie sich die Tür zum Wohnzimmer öffnet. Papa kommt mit schnellen Schritten auf ihn zu. Er legt ihm die Hand auf die Schulter. Ganz fest. Dann atmet er ganz laut und erschrocken ein. „Lasse", ruft er. „Wieso bist du am Computer? Du hast ja gar nicht gefragt."

„Ich, öh, Papa", stammelt Lasse. „Du warst ja an der Tür und da dachte ich …" „Steh mal sofort auf, Lasse", sagt Papa streng. Wo ist das, was ich geschrieben habe? Meine Tabellen. Oh nein, lass mich mal schauen."

Lasse bekommt einen Schreck. Papa ist so aufgeregt. „Ich, ich hab das so gemacht wie du sonst, ich habe einfach auf das kleine Kreuzchen geklickt, das kann ich schon", sagt Lasse.

Papa drückt auf den Tasten herum und schiebt die Computermaus hin und her. „Oh nein", ruft er und schlägt mit der Faust auf den Tisch, „jetzt hast du alles, was ich geschrieben habe, gelöscht. Das sind zwei Stunden Arbeit gewesen." Er murmelt vor sich hin: „Hätte ich es doch gespeichert."

Lasse versteht nicht, was Papa meint, aber er merkt, dass Papa sehr wütend ist. Oh nein, was hat Lasse nur getan? Papa steht auf. Er hat ein richtig rotes Gesicht. Er stellt sich vor Lasse und schüttelt ihn. „Mensch, Junge, bleib doch vom Computer weg, jetzt hast du mir so viel Arbeit gemacht."

Lasses Herz klopft. Er ist so erschrocken. So wütend kennt er Papa gar nicht. Papa schiebt Lasse zur Tür. „Geh auf dein Zimmer", schreit er. „Du bist so ein böser Junge. Du bist richtig dumm."

Dann schlägt er noch einmal mit der Faust auf den Tisch. Lasse muss jetzt weinen.

Lasse rennt in sein Zimmer und setzt sich auf den Boden. Die Spielsachen liegen um ihn herum, aber er möchte nicht spielen.

Nicht einmal mit dem roten Feuerwehrauto, was er sonst so gern hat.

Ist es so schlimm, was er gemacht hat? Er wollte es doch nicht. Klar, er hätte nicht an den Computer gehen sollen. Das stimmt. Er hatte ja nicht gefragt. Lasse hat plötzlich Angst. Er hat Angst vor seinem Papa.

Ob Papa ihn jetzt nicht mehr lieb hat?

Lasse spielt jetzt doch ein bisschen mit seinen Autos, aber zwischendurch muss er immer wieder weinen. Er traut sich nicht, zu Papa zu gehen. Der ist ja so wütend.

Plötzlich öffnet sich Lasses Zimmertür. Es ist Papa. Lasse schaut ihn an. Ob Papa ihn wieder so ausschimpfen wird?

Papa sieht noch immer wütend aus, aber auch ein bisschen traurig. Lasse bleibt einfach sitzen, wo er ist.

„Entschuldigung, Papa, ich, ich wollte das nicht", sagt er und schluchzt dabei. Papa setzt sich neben ihn.

Er legt ihm die Hand auf die Schulter. „Ja, Lasse, du sollst immer fragen, wenn du an den Computer gehst, das weißt du doch. Das hast du wirklich falsch gemacht. Wenn niemand da ist, den du fragen kannst, dann musst du eben warten. Aber ich habe auch etwas falsch gemacht. Ich war so böse auf dich, dass ich zu laut geschrien habe, und das war falsch. Und noch etwas: Es war gemein von mir, dass ich gesagt habe, du seist richtig dumm. Das stimmt nicht und das weiß ich auch. Ich war nur so wütend. Da sagt man manchmal Sachen, die man nicht so meint. Du bist mein ganz besonderer Junge und ich bin sehr stolz auf dich. Ganz egal, ob dir immer alles gelingt oder nicht."

„Ist gut", meint Lasse und seine Tränen laufen plötzlich nicht mehr. Papa sagt noch: „Entschuldige bitte, Lasse, dass ich so wütend geworden bin. Das war nicht gut."

Er streicht mit der Hand über Lasses Wuschelkopf.

Lasse geht es wieder viel besser. Er merkt, wie lieb Papa ihn hat. Und plötzlich fällt ihm ein: *So wütend wie Papa heute auf mich war, so wütend war ich gestern auf Schneeflöckchen, weil der Hund das Kunststück falsch gemacht hatte. Aber trotzdem hatte ich Schneeflöckchen lieb und wusste, dass mein Hund etwas Besonderes ist.*

„Kann ja mal passieren, Papa, dass man zu wütend wird. Ist okay. Und ich gehe nicht mehr an den Computer, ohne zu fragen", erklärt Lasse. „Ist gut, mein Junge", sagt Papa. „Das darfst du echt nicht noch einmal machen. Und ich werde jetzt mal wieder an die Arbeit gehen. Freunde?" fragt Papa. „Freunde", antwortet Lasse und schlägt in Papas Hand ein.

Am Abend, als Lasse im Bett liegt, kommt Papa noch mal zu ihm.

Er lacht ein bisschen, als er Lasse anschaut. „Dinoschlafanzug", sagt er … „und Dinobettwäsche", fügt Lasse hinzu. „Die ist neu." „Super", meint Papa.

Und dann sagt er freundlich: „So, mein Großer, schlaf gut."

Lasse gibt Papa einen Kuss.

„Du, Papa", sagt er leise und schon ein bisschen verschlafen. „Ich hab dich lieb. Du bist 'n guter Papa." „Ich dich auch, mein Junge", antwortet Papa.

„Und weißt du, wer der allerbeste Vater ist?", fragt Papa. „Nein", antwortet Lasse.

„Das ist Gott, Lasse. Gott ist immer Liebe. Er macht nie Fehler. Er ist nie ungerecht, so wie ich manchmal. Er ist der allerbeste Vater. Wir können ihn nicht sehen, aber er ist immer da. Und er verzeiht uns jedes Mal, wenn wir uns bei ihm ehrlich entschuldigen. Weißt du, ich bitte ihn oft um Verzeihung und dann fühle ich mich wieder besser."

Lasse muss nachdenken. Irgendwie ist das schön. *Gott – der allerbeste Vater …*

Ein besonderes Pünktchenbild

Heute hat Mama sehr viel Arbeit. Sie ist auch ein bisschen nervös. Denn am Nachmittag wird sie Besuch bekommen. Und bis dahin soll alles schön aufgeräumt sein. Außerdem muss sie noch einen Kuchen backen. Kirschkuchen. Den essen auch ihre Kinder gern. Gut, dass Emily und Lasse da sind. So können sie Mama etwas helfen.

„Emily!", ruft Mama. „Kannst du mir bitte mal eben das Mehl anreichen? Ich habe die Hände voller Teig."

„Na klar", meint Emily. Sie holt das Mehl herbei. „So, nun nimm mal zwei Esslöffel Mehl aus der Dose und gib es in den Kuchenteig. Ja, schön, das machst du aber gut, Emily, du bist ja schon eine richtige Hilfe."

Emily hebt den Kopf. „Ja, Mama, das bin ich auch. Und jetzt bekomme ich ein Pünktchen, stimmt's?"

„Ach, Emily, die Punkte sind eigentlich Belohnungspunkte, wenn ihr Kinder mal besonders viel geholfen habt. Du kannst doch nicht für jede Kleinigkeit, die du tust, einen Punkt bekommen."

„Wieso denn nicht?"

„Ja, es ist doch auch schön, wenn du mir einfach mal so hilfst, nicht nur, um etwas dafür zu bekommen, oder?"

„Nee, finde ich nicht", antwortet Emily und verkrümelt sich in ihr Zimmer. *Dann soll Mama doch ihren Kuchen allein backen,* denkt sie. *Ich will lieber spielen.*

Nach einer Weile hört sie, wie Lasse und Mama in der Küche lachen. Na, die haben aber Spaß. Warum lachen sie denn so?

Da muss Emily doch mal nachschauen. „Was ist denn hier los?", fragt sie neugierig. Lasse lacht schon wieder. „Stell dir vor, fast hätte Mama Salz in den Kuchen getan und nicht Zucker. Dann hätten sich Mamas Freundinnen aber gewundert."

„Ja, gut, Lasse, dass du es noch gemerkt hast", lobt Mama ihn.

„Du, Mama, dafür bekomme ich doch bestimmt einen Punkt", erklärt Lasse zufrieden.

Mama schnalzt mit der Zunge. „Ach, Kinder, das nervt langsam mit euren Pünktchen-Wünschen. Könnt ihr nicht auch einfach mal so helfen? Ohne etwas dafür zu bekommen?"

„Nein, wir wollen Pünktchen", ruft Emily frech. „Ja, genau", sagt Lasse laut. „Sonst tun wir gar nichts."

Mama schaut nachdenklich vor sich hin. Plötzlich sagt sie: „Stellt euch mal vor, ich würde immer etwas dafür haben wollen, wenn ich etwas für euch tue. Ich wasche, putze, koche, backe für euch …"

„Und du tröstest uns, wenn wir mal traurig sind", fügt Emily hinzu. „Und mir hilfst du manchmal bei meinen Schuhen, die ich so schlecht anziehen kann", fällt Lasse ein.

Emily schaut nachdenklich vor sich hin. Über das, was Mama gesagt hat, muss sie ein bisschen nachdenken.

Plötzlich hat sie eine Idee. Sie läuft zu ihrem Maltisch im Kinderzimmer und nimmt ein Blatt aus der Schublade. Sie malt eine Prinzessin. Die Prinzessin sieht aus wie

Mama. Und dann malt sie der Prinzessin ein wunderschönes Pünktchenkleid. Sie nimmt dazu einen goldenen und silbernen Malstift.

Als das Bild fertig ist, schaut sie es zufrieden an. Dann versteckt sie es hinter ihrem Rücken und läuft in die Küche. Hm, hier riecht es schon so gut nach Kuchen.

„Mama, mach mal die Augen zu", sagt sie. „Ach, Emily", murmelt Mama, „ich hab jetzt keine Zeit für solche Spielchen." Da legt Emily Mama das Bild in die Hand. „Hier", sagt sie. „Ich hab dich gemalt. Mit einem schönen Pünktchenkleid. Jedes Pünktchen soll bedeuten, dass du so viel für uns tust. Du bist eine richtige Pünktchenmama."

Mama freut sich, das sieht man ihrem Gesicht an. Sie lächelt ein bisschen. „Danke schön, mein Schatz. Das Bild hänge ich hier in die Küche, dann sehe ich es immer vor mir. Vielen Dank!"

„Und, Mama", erklärt Emily noch, „ich helfe dir auch mal so, ohne dass ich ein Pünktchen bekomme. Einfach weil ich dir eine Freude machen will. Du bist doch so eine gute Pünktchenmama."

„Und ich male Papa mit ganz vielen Punkten auf seinem T-Shirt", sagt Lasse begeistert. „Papa tut ja auch so viel für mich. Er hilft mir, wenn ich die Eisenbahn aufbaue und spielt mit mir Fußball …"

Mama lacht. „Ich glaube, wir sind eine richtige Punktefamilie. Einer hilft dem anderen. Einfach weil er ihn lieb hat."

Emily und Lasse freuen sich. Aber ein bisschen besorgt ist Lasse doch.

„Kriegen wir jetzt nie wieder Punkte auf unsere Karte?", fragt er ängstlich.

Mama beruhigt ihn. „Doch, doch", sagt sie. „Eine kleine Belohnung schadet nicht. Ihr sollt nur nicht jedes Mal nach einem Punkt fragen, wenn ihr mal ein ganz kleines bisschen helft. Denn das ist in einer Familie so. Einer hilft dem anderen. Auch ohne etwas dafür zu bekommen.

Der beste Helfer

Emily steht vor dem Pünktchenbild, das sie für Mama gemalt hat. Es gefällt ihr sehr gut. Das Prinzessinnenkleid mit den goldenen und silbernen Punkten sieht richtig schön aus. Jeder Punkt bedeutet, dass Mama Emily geholfen hat.

Plötzlich fällt ihr etwas ein. Es gibt doch noch jemand, der viel für Emily tut. Dinge, die Mama oder Papa nicht tun können.

Ja, das ist wirklich so. Es ist Jesus. Weil er der Sohn Gottes ist, kann er alles. Das sagt Papa immer.

Wie oft hat Jesus Emily schon getröstet, wenn sie traurig war. Er hat ihr geholfen, wenn es mal Streit gab mit anderen Kindern oder sie Angst hatte. Und wenn sie etwas getan hatte, was nicht gut war und ihn um Entschuldigung gebeten hat, dann hat er ihr vergeben. Papa hat es Emily mal so erklärt: Eigentlich hätten wir für alles Böse eine Strafe von Gott verdient. Aber Gott hat sich etwas Gutes ausgedacht. Er hat gesagt: „Ich schicke meinen Sohn Jesus in die Welt." Und Jesus hat unsere Strafe auf sich genommen, wenn wir ihn um Entschuldigung bitten für alles Falsche in unserem Leben. *Hm*, denkt Emily, *ich könnte Jesus ja ein schönes Pünktchenbild malen.* Und das tut sie auch. Sie malt einen Punkt nach dem anderen auf das Bild. Lila, rote, rosa, goldene, silberne Punkte und noch mehr Punkte in vielen Farben.

Jeder Punkt heißt: Jesus, du hast mir gut geholfen.

Und manchmal sagt sie leise: „Danke, Jesus, und ich hab dich lieb."

Als das Bild fertig ist, schaut sie es an. Ja, es sieht schön aus.

Jesus kann wirklich alles, denkt Emily. Das weiß sie, weil es in ihrer Kinderbibel steht. Er kann Traurige fröhlich machen, Kranke gesund und Ängstliche mutig. Er ist der beste Helfer.

Emily hängt das Bild mit einem Klebestreifen an ihren lila Kinderschrank mit den Blumen. Jesus kann das Bild sehen, das weiß sie.

Auch wenn Emily Jesus nicht sehen kann, weiß sie, dass er bei ihr ist und sich über ihr Bild freut. Vor allem freut er sich darüber, dass Emily ihn lieb hat. Darüber freut er sich ganz besonders, das weiß Emily. Deshalb sagt sie noch einmal zu ihm: Jesus, ich hab dich lieb.

Merle wird mutig

Wollen wir tauschen?

„Merle, spielst du mit mir Bäckerei?", fragt Emily. Sie muss laut reden.

Sie schreit fast. Denn auf dem Spielplatz des Kindergartens ist total viel los. Erkan lacht sich im Sandkasten halb kaputt. Finja kreischt beim Fangespielen. Und zwischendrin – „Tatütataaaaaa! Die Feuerwehr ist da!" – flitzen Moritz und Lasse herum. Wieder spielen sie Feuerwehr.

„Na klar, Emily", schreit Merle. Dann lacht sie froh. „Ich kann super Kuchen backen!"

Die beiden Kinder laufen zum Sandkasten. Sie suchen sich eine freie Ecke, in der keine anderen Kinder sind. „Merle, du bist die Bäckersfrau und ich bin die Verkäuferin. Einverstanden?" „Ja", meint Merle.

Sie richtet sich ihre Bäckerei ein und schnappt sich ein paar Sandförmchen und die Sandmühle. Mit denen mahlt sie den Sand ganz fein. Der sieht dann aus wie Puderzucker.

Emily sieht Merle zu, wie sie die ersten Kuchen backt. Sie schaut Merle plötzlich bewundernd an. „Merle, du hast ja einen schönen Mantel. So einen hätte ich auch gern." Merle schaut an sich herunter. Ja, sie mag ihren Mantel. Er ist rosa mit Blümchen drauf.

Jetzt guckt Merle ihre Freundin an. „Und ich finde deine Kappe cool, Emily. So eine hätte ich gern." Emily lächelt. Und plötzlich hat Merle eine Idee. „Emily, wir können ja tauschen. Du ziehst meinen Mantel an und setzt meine Mütze auf und ich nehme deine Jacke und die Kappe."

Emily lacht: „Oh ja, das ist lustig, Merle. Bestimmt denken dann alle, ich bin du und du bist ich."

Die beiden tauschen die Mütze und Kappe. Merle stopft ihre langen hellbraunen Locken unter die Kappe. Und Emily zieht die Mütze so, dass man ihre blonden Haare gar nicht mehr sieht. Als sie nun noch Merles Blümchenmantel anhat, sieht sie tatsächlich fast so aus, als sei sie Merle. Der Mantel ist nur ein bisschen zu kurz, weil Emily größer ist als Merle.

Merle macht die Verkleidung Spaß. „Oh!", ruft sie plötzlich. „Wir müssen doch auch unsere Schuhe tauschen." Merle zieht einen roten Schuh aus und hält ihren Fuß so lange in der Luft, bis Emily ihr ihren blauen Schuh gibt. Dann tauschen sie auch den anderen Schuh aus.

Merle schaut Emily an. „Jetzt siehst du aus wie ich", erklärt sie fröhlich. „Nur dass du blaue Augen hast und ich braune."

Emily lacht: „Und du siehst aus wie ich. Das ist aber lustig."

Merle backt sehr viele Kuchen und bestreut sie mit Sandpuderzucker. Emily stellt die Kuchen auf den Sandkastenrand und ruft: „Sandkuchen zu verkaufen."

Finja fährt mit dem Dreirad am Sandkasten vorbei. „Klingelingeling!" Die Dreiradklingel ist richtig laut. Finja fragt Emily: „Merle, kann ich ein Stück Kuchen haben?"

Emily lacht: „Ich bin doch nicht Merle", sagt sie. Finja staunt: „Ach, du hast nur Merles Mantel an. Na so was. Da hast du mich aber ganz schön veralbert."

Nachdem die Kinder eine Weile gespielt haben, ruft Gaby plötzlich: „Merle, deine Mama ist da." Merle schaut zu Gaby hinüber. Aber die guckt Emily an. „Merle", ruft sie, „komm, du wirst abgeholt."

Ach so, Gaby denkt ja auch, Emily sei Merle.

Merle stößt Emily an. „Emily, lauf mal zu meiner Mama, dann denkt sie, dass ich das bin."

Das ist lustig. Emily läuft direkt auf Merles Mama zu. Die schaut Emily an und lächelt. Dann sagt sie lachend: „Na so was. Da ist ja meine Merle. Aber du siehst ja so anders aus. Ich glaube, du bist heute Morgen ein Stück gewachsen." Sie streckt Emily ihre Hand entgegen. „So, mein Kind, dann wollen wir mal nach Hause gehen."

Da ruft Merle laut: „Nein, Mama, nimm nicht Emily mit nach Hause. Ich bin doch deine Merle." Sie nimmt schnell die Kappe ab, so dass Mama ihre langen Locken sehen kann. Dann läuft sie zu Emily. Die nimmt Merles Mütze ab und zieht den Mantel aus. Die beiden Kinder lachen laut. „Na so was", sagt Mama, „jetzt hätten Emilys Mama und ich ja fast ihre Mädchen getauscht. Da habt ihr mir aber einen Streich gespielt, ihr beiden."

Aber dann nimmt sie Merle auf den Arm und flüstert in ihr Ohr: „Ich kenne doch meine süße Merle. Ich würde dich niemals tauschen."

Und sie drückt ihre Tochter ganz fest an sich.

Ein komischer Streich

Lasse und Collin sitzen an einem Tisch in ihrer Kindergartengruppe. Beide haben ein Puzzle vor sich liegen. Caroline hat gesagt, dass sie jetzt mal ein ruhiges Spiel machen sollen. Sie ist das Herumtoben und Schreien der Jungen leid. Vorher haben Lasse und Collin nämlich Feuerwehr gespielt, sind durch den Gruppenraum gerannt und haben die anderen Kinder mit einem lauten „Ta-tü-ta-ta – die Feuerwehr ist da!" erschreckt. So, jetzt sollen sie etwas ruhig sein. Lasse hat ein schwieriges Puzzle vor sich liegen. Es hat so viele Teile. Und die Puzzleteile vom Himmel sehen fast genauso aus wie die vom Meer.

Lasse puzzelt nicht so gern. Vor kurzem hat ihm Oma ein Puzzle geschenkt. Das hat Lasse dann einfach mit Emily gegen eine kleine Dino-Figur getauscht. Emily hat ein wunderschönes Pferd zusammengesetzt, Lasse hat lieber mit seinen Dinos gespielt. Er mag Puzzeln einfach nicht.

Er streicht sich mit der Hand durch seinen Wuschelkopf und schaut Collin an. Der zwinkert ihm zu. Dann zeigt er auf die Tür.

„Ich gehe mal eben auf Toilette", sagt er zu Caroline. Als er aus dem Waschraum kommt, wartet er draußen vor der Tür zum Gruppenraum. Caroline ist gerade beschäftigt, weil Celim und Max streiten und sie mit den beiden reden muss. Collin pfeift leise: „Pfüüt!" Das hat er vor kurzem gelernt. Lasse schaut in seine Richtung. Collin winkt ihn zu sich und legt gleichzeitig einen Finger auf den Mund. Das soll heißen: Komm schnell, aber sei leise.

Lasse lacht vor sich hin. Hinter Carolines Rücken schleicht er in den Garderobenraum. Die beiden Jungen schauen sich an. Sie lächeln geheimnisvoll. Collin sagt: „Lasse, wollen wir einen lustigen Streich spielen?"

„Wie denn?", fragt Lasse. Collin schaut sich in der Kindergarderobe um. Sein Blick fällt auf ein Paar rosa Schuhe. Sie stehen unter Merles Platz. „Komm, wir verstecken Merles Schuhe", schlägt er vor.

Lasse antwortet: „Oh ja. Das ist lustig."

Lasse nimmt die Schuhe in die Hand. Die beiden Freunde überlegen kurz. Dann zeigt Lasse auf die Bauecke. Die ist gerade nicht besetzt. Jeder der Jungen nimmt einen Schuh und hält ihn hinter seinem Rücken versteckt. Caroline ist gerade mit Jule beschäftigt. Die weint nämlich, weil Mia sie geschubst hat. Und Gaby, die andere Erzieherin, wischt eine Pfütze vom Fußboden auf. Blitzschnell verstecken Collin und Lasse die rosa Schuhe hinter vielen großen Bauklötzen im roten Regal der Bauecke. Und schon sitzen sie wieder am Tisch. Sie lachen leise vor sich hin. Es wird sicher lustig werden, wenn Merle ihre Schuhe nicht findet.

Caroline schaut sich die Puzzle an, die vor den beiden Jungen liegen. Sie hilft Lasse ein wenig. „Du musst zuerst den Rand legen", erklärt sie. „Dann geht es einfacher."

Wirklich, das ist ein guter Tipp. Jetzt geht es mit dem Puzzeln viel schneller voran.

Bevor die Puzzle fertig sind, ruft Caroline: „So, heute ist für die größeren Kinder Turnen. Lasse, Collin, lasst die Puzzle auf dem Tisch liegen, ihr könnt morgen weitermachen. Und dann zieht euch um. Alle Vorschulkinder gehen turnen. Du auch, Celim. Jasmin holt euch ab und turnt mit euch. Emily, du darfst heute mit den Vorschulkindern gehen, weil du krank warst, als deine Gruppe Turnen hatte. Nein, Merle, du nicht. Die jüngeren Kinder gehen gleich mit mir auf den Spielplatz."

Moritz, Collin und Lasse freuen sich. Turnen macht Spaß. Schnell ziehen sie ihr Turnzeug an. Lasse muss lachen. Moritz' kurze Haare stehen richtig hoch, weil er sein Turn-Shirt über den Kopf gezogen hat. Moritz schaut Lasses T-Shirt an. „Cool, der Dino", sagt er.

Als die drei Jungen in die Turnhalle kommen, freuen sie sich noch mehr, weil das große Trampolin aufgebaut ist. Besonders Moritz springt so gern auf dem Trampolin. Das wird eine schöne Turnstunde werden.

Lasse hüpft auf dem Trampolin, so hoch er kann. Oh, was ist das denn? Hupps. Das Trampolinkissen hat so komisch geschaukelt, dass Lasse auf seinem Popo darauf landet, dann noch einmal nach oben wippt und – hupps – wieder auf dem Popo landet. Die Kinder lachen. Nun ist Lasse ein bisschen beleidigt.

Aber Jasmin ruft: „Hört auf zu lachen. Das kann passieren. Lasse ist eigentlich ein sehr guter Turner."

Da freut sich Lasse wieder. Turnen macht echt Spaß.

An die rosa Schuhe ganz hinten im roten Regal in der Bauecke denkt er gar nicht mehr.

Merle und die verschwundenen Schuhe

Merle freut sich schon. Sie spielt so gern auf dem Spielplatz des Kindergartens. Aufgeräumt hat sie schon. Das macht sie eigentlich immer gut. „Du hast toll aufgeräumt, Merle", lobt Caroline und streicht über Merles Locken. Merle nickt. Sie freut sich schon darauf, ihre neuen rosa Schuhe anzuziehen.

Mama wollte eigentlich nicht, dass Merle die Schuhe im Kindergarten anzog. Es sind nämlich ganz neue Lackschuhe und die sollen nicht verkratzen. Aber Merle hat so gebettelt, dass Mama gesagt hat: „Na gut, das eine Mal darfst du sie anziehen."

Die Kinder ziehen ihre Jacken und Schuhe an. Caroline hilft Timna. Sie kann sich noch nicht allein anziehen. „Darf ich heute das gelbe Dreirad haben?", fragt Merle. Das gelbe mag sie am liebsten. Aber oft ist es schon weg, wenn sie auf den Spielplatz kommt. Dann hat es schon ein anderes Kind ausgesucht. „Ja, ich komme gleich und schließe die Spielhütte auf. Dann darfst du dir als erste ein Fahrzeug aussuchen", erklärt Caroline und lächelt Merle an.

Merle freut sich so.

Jetzt muss sie nur noch schnell ihre Schuhe anziehen, ihre neuen rosa Schuhe. Hm, wo sind sie denn?

Ach, bestimmt sind sie nach hinten unter die Bank gerutscht. Merle kniet sich vor die Bank und kramt mit den Händen darunter. Nein, hier sind die Schuhe auch nicht. Merle schaut noch einmal nach, ob sie an der richtigen Stelle sucht. Ja, das ist doch ihr Platz, denn darüber hängt das kleine Schildchen mit der Ente.

Jetzt schaut Merle sich in der ganzen Kindergarderobe um. Aber nirgends kann sie ihre Schuhe entdecken. Das gibt es doch nicht.

Sie hat sie auf jeden Fall heute Morgen hier an ihrem Platz ausgezogen. Merle presst die Lippen aufeinander. Sie möchte am liebsten weinen. Noch einmal guckt sie überall nach. Und dann, ganz plötzlich, schießen ihr die Tränen in die Augen. Sie weint und kann gar nicht mehr aufhören.

Caroline schaut sie an. „Merle, was hast du denn? Warum weinst du?", fragt sie.

„Meine, meine Schuhe sind weg. Und ich, ich hatte sie heute Morgen hier hingestellt. Hier unter meinen Sitzplatz. Das weiß ich ganz genau", erklärt sie weinend. „Und jetzt sind sie weg."

Caroline seufzt. „Ach, das gibt es doch nicht. Kinder, helft mal alle mit, Merles Schuhe zu suchen. Kommt, macht schnell, wir wollen doch raus. Die Sonne scheint so schön."

Alle Kinder helfen beim Suchen. Auch Caroline und Gaby schauen überall nach. Aber alles Suchen hilft nicht. Merles Schuhe sind einfach weg. Normalerweise hat sie ja ihre Matschstiefel für schlechtes Wetter noch im Kindergarten. Aber die hat Mama gerade gestern mitgenommen, um sie sauber zu machen. Und ihre Hausschuhe kann sie auch nicht draußen anziehen. Die sind nämlich aus Stoff und würden ganz dreckig werden.

Merle ist so traurig. Und sie hat Angst. Wo können denn nur ihre Schuhe sein? Muss sie nun ganz allein im Gruppenraum bleiben? Nein, Caroline schlägt vor: „Komm, Merle, ich trage dich raus auf die Bank. Du kannst ja schließlich nicht auf Strümpfen laufen."

Merle weint wieder. „Aber ich wollte heute das gelbe Dreirad haben. Das mag ich so gern. Und du hast es mir versprochen."

„Tja", sagt Caroline, „du kannst doch nicht auf Strümpfen Dreirad fahren."

Einige Kinder lachen sie aus. „Strümpfemerle", sagen sie.

Merle lacht nicht. Das ist ein richtig blöder Tag. Als sie mit ihren gestreiften Kniestrümpfen draußen in der Sonne auf der Bank sitzt, schaut sie sehnsüchtig den anderen Dreiradfahrern nach. Wo können nur ihre Schuhe sein?

Ach, da kommen ja schon die Turnkinder. Allen voraus Emily. Emily ist immer lieb zu Merle. Sie ist schließlich ihre Freundin und beschützt sie auch manchmal, wenn ein anderes Kind Merle mal ärgern will. Emily läuft zu ihr. „Na, Merle?", sagt sie freundlich. „Hm, wo sind denn deine Schuhe? Bist du etwa auf Strümpfen rausgelaufen? Das geht doch nicht."

Merle erzählt ihr die ganze Geschichte. „Ich komme nie mehr in den Kindergarten", sagt sie zum Schluss weinerlich. „Aber warum denn nicht?", fragt Emily. „Weil meine Schuhe weg sind und einer die geklaut hat und weil ich nicht mehr in den Kindergarten will." Merle ist wirklich ziemlich durcheinander. Emily überlegt. Wie kann sie Merle helfen? Hm, wenn Emily Angst hat oder traurig ist, dann betet sie öfters zu Jesus. Er kann alles und er kann auch Angst kleiner machen oder ganz wegnehmen.

„Lieber Jesus", betet sie leise vor sich hin. „Mach bitte Merles Angst kleiner. Und hilf ihr, dass sie mehr Mut bekommt."

Oh, da kommen ja auch Lasse, Collin und Moritz. Sie spielen schon wieder Feuerwehr. „Tatütata, die Feuerwehr ist da!" rufen sie laut. Hier draußen können sie ja schreien.

Doch plötzlich wird das Tatütata leiser. Lasse und Collin schauen auf Merles Strümpfe. Komisch, sie fragen gar nicht, warum sie keine Schuhe anhat.

Sie gucken sich an und schämen sich ein bisschen. Sie haben ja ganz vergessen, dass sie Merles Schuhe versteckt hatten, bevor sie zum Turnen gegangen waren. Das wollten sie eigentlich nicht, dass Merle so lange ohne Schuhe sein würde.

Schnell laufen sie in den Gruppenraum, holen die Schuhe aus dem Versteck und stellen sie mitten in den Flur.

Als Gaby kurz in den Flur geht, um Timnas Mütze zu holen, sieht sie die Schuhe. Ganz schnell bringt sie sie zu Merle. „Stell dir vor, Merle, die Schuhe standen mitten im Flur. Das gibt es doch gar nicht. Jemand muss sie weggenommen und dann wieder hingestellt haben. Da werden wir morgen aber mal fragen, wer das war."

Merle nickt. Hauptsache, sie hat ihre Schuhe wieder. Emily bewundert die rosa Lackschuhe. „Oh", sagt sie, „genau solche Schuhe wünsche ich mir auch."

Auch Finja sagt bewundernd: „Oh, Merle, du hast aber tolle Schuhe." Das ist schön.

Schön findet Merle auch, dass Emily ihre Freundin ist. Vielleicht geht sie doch morgen wieder in den Kindergarten.

Aber jetzt wird sie erst einmal mit dem gelben Dreirad fahren.

Ein schlimmer Traum

Als Merle am Abend im Bett liegt, denkt sie noch einmal an den Tag zurück. Manches war schön. Sie hatte ihre neuen Schuhe an und Emily war so lieb zu ihr und … Aber etwas war nicht schön, und das war die Sache mit den verschwundenen Schuhen. Plötzlich spürt Merle wieder die gleiche Angst, die sie hatte, als ihre rosa Schuhe verschwunden waren und die Kinder sie ausgelacht hatten.

Ach, die Schuhe sind doch wieder da. Es ist alles gut, tröstet sie sich selbst.

Sie streicht mit der Hand über ihr Kopfkissen und schaut sich die vielen Tiere darauf an.

Dann legt Merle ihren Kopf auf das Kissen und macht die Augen zu.

Als sie eingeschlafen ist, träumt sie vom Zoo. Zuerst ist es ein schöner Traum. Sie träumt von kleinen Affen und lustigen Bergziegen und dass sie viel Spaß hat. Doch plötzlich träumt Merle, dass ein riesiges Krokodil hinter ihr herläuft und sie ganz schnell weglaufen muss und dass sie dann ihre Schuhe verliert und dass das Krokodil die rosa Schuhe frisst und Merle weiter und weiter und weiter läuft und das Krokodil hinter ihr herkommt und … Plötzlich wird Merle wach. Im ersten Moment weiß sie gar nicht, wo sie ist. Aber dann merkt sie: *Ich bin doch in meinem Kinderzimmer und in meinem Bett. Hier gibt es kein Krokodil und ich hab nur geträumt und* … doch sie kann sich nicht selbst trösten. Sie braucht jemanden, der sie tröstet. „Mama!", ruft Merle laut. Und als sie Mamas Schritte nicht sofort hört, ruft sie noch lauter: „Mama!" Da hört sie plötzlich – tapp, tapp, tapp – Schritte auf dem Flur. Und dann öffnet sich die Tür des Kinderzimmers. „Was ist denn, Merle? Was hast du?", fragt Mama.

„Ich, ich hab geträumt und da, da war so ein Krokodil und das kam hinter mir her und …" Jetzt muss Merle doch tatsächlich ein bisschen weinen.

Mama streicht tröstend über Merles Kopf. „Ja, mein Schatz, jetzt ist alles wieder gut, das war nur ein dummer Traum."

„Mama?", fragt Merle weinerlich. „Du, Mama, darf ich in dein Bett?"

„Ach nein", antwortet Mama. „Du bist doch schon ein großes Mädchen mit einem eigenen Bett. Das schaffst du." Mama holt Merle noch etwas zu trinken und bleibt eine kurze Zeit an ihrem Bett sitzen. Dann hört Merle Mama leise sagen: „So, jetzt schlaf schön, mein Schatz."

Die Tür schließt sich mit einem leisen Knarren. Nun ist Merle wieder allein. Sie drückt ihren kleinen Kuschelaffen Dido dicht an sich. Sie hat immer noch Angst.

Es ist so dunkel im Zimmer. Plötzlich fällt ihr etwas ein. Als sie neulich bei Oma und Opa geschlafen hat, hat Oma am Bett mit ihr gebetet. Eigentlich fand Merle das schön. Ob Gott sie auch hört, wenn sie ganz allein betet?

Und Jesus? Oma sagte, er ist Gottes Sohn.

„Lieber Gott", flüstert Merle leise, „bist du da? Ich bin ganz allein. Lieber Jesus, ich hab Angst. Kannst du meine Angst kleiner machen?"

Plötzlich spürt Merle, dass etwas anders geworden ist.

Sie hat nicht mehr so viel Angst wie vorher. Irgendwie hat sie das Gefühl, dass sie gar nicht mehr so allein ist.

Beten ist aber gut, denkt sie noch, und da schläft sie auch schon ein.

Merle traut sich

Am nächsten Morgen wird Merle ganz fröhlich wach. Ihr kleiner brauner Affe liegt neben dem Bett. „Na so was", sagt sie, „bist du aus dem Bett gesprungen, Dido?"

Das Krokodil und der schlimme Traum sind vergessen. Doch als Merle sich für den Kindergarten fertig macht und ihre roten Schuhe anzieht, kommt doch wieder etwas Angst in sie hinein. Was ist, wenn ihr heute noch mal jemand etwas wegnimmt? Vielleicht werden wieder ihre Schuhe weg sein oder sogar der Kindergartenrucksack oder ihr Turnzeug. Und weil Merle sowieso etwas ängstlich ist, ist sie plötzlich gar nicht mehr fröhlich.

Sie zieht ihre roten Schuhe wieder aus und ihre lustigen Hausschuhe mit den kleinen Schäfchen darauf an. Als Merles Mama in den Flur kommt, schaut sie ihre Tochter erstaunt an. „Merle, du kannst doch nicht mit Hausschuhen in den Kindergarten gehen. Zieh schnell deine Schuhe an."

„Nein, ich ziehe die Schuhe nicht an", erklärt Merle. „Nein?", fragt Mama. „Ach, willst du heute die roten Schuhe nicht anhaben? Dann nimm doch die blauen. Aber beeil dich, wir müssen jetzt los."

Doch Merle bleibt einfach im Flur stehen und rührt sich nicht. „Merle, jetzt mach voran", sagt Mama ungeduldig.

„Mama, ich bleibe heute bei dir!", erklärt Merle ein bisschen weinerlich.

„Wie bitte?", fragt Mama. „Nein, Merle, jetzt mach kein Theater, du gehst in den Kindergarten." Aber Merle verzieht das Gesicht und bettelt: „Bitte, Mama, bitte, ich will nur ein einziges Mal nicht in den Kindergarten."

Mama fragt: „Was ist denn mit dir los, Merle?"

Merle erzählt ihr die Geschichte von den verschwundenen Schuhen.

„Ach, Merle", sagt Mama, „das ist doch nicht so schlimm. So etwas kann mal passieren. Jetzt stell dich nicht an und komm endlich."

Es hilft alles nichts. Merle muss sich fertig anziehen und Mama bringt sie in den Kindergarten, obwohl sie heute nicht hingehen will. Wenigstens darf sie ihren Affen Dido mitnehmen. Das ist ein kleiner Trost.

Als Mama und Merle im Kindergarten ankommen, hält Merle Mamas Hand ganz fest.

Mama gibt ihr einen Kuss. „Tschüss, meine Süße", sagt sie. „Du schaffst das. Bis heute Mittag."

„Hallo Merle", sagt Gaby freundlich. „Hallo", antwortet Merle. Aber sie bleibt auf ihrem Platz auf der Garderobenbank sitzen und hält Dido fest im Arm.

„Komm doch rein, Merle", ruft Emily. „Ne", sagt Merle leise. „Wir wollen doch zusammen spielen, was hast du denn?", fragt Emily.

„Na gut", antwortet Merle. „Dann nehme ich eben meine Sachen mit."

Sie zieht ihre Hausschuhe an. Dann packt sie ihren Rucksack auf den Rücken, nimmt die roten Schuhe und Dido unter den Arm und trägt den Turnbeutel vor sich her.

„Was machst du denn da, Merle?", fragt Gaby. „Warum schleppst du deine Schuhe und deine Taschen mit in den Gruppenraum?"

„Weil, weil, damit keiner meine Sachen wegnehmen kann."

„Ach, Merle", lächelt Gaby. „Nochmal nimmt dir bestimmt niemand die Schuhe weg. Komm, ich helfe dir. Die Anziehsachen gehören doch an deinen Haken in der Garderobe, nicht in den Gruppenraum. Da braucht ihr doch Platz zum Spielen."

Finja schaut neugierig in den Flur. „Na, Merle?", begrüßt sie ihre Freundin. Merle sitzt wieder auf ihrem Platz auf der Bank, ihren kleinen Affen im Arm. Jetzt weint sie sogar ein bisschen.

Finja und Emily wollen sie trösten. Aber Merle will nicht mit ihnen spielen. Sie möchte einfach nur auf ihrem Platz sitzen bleiben. „Angsthase", sagt Finja. Es ist nicht schön, so genannt zu werden. Das ist gar nicht schön.

Auf einmal fällt Merle ein: *Ob Gott mir helfen kann, mutiger zu werden?* Sie sagt ganz leise: „Lieber Gott, lieber Jesus, gestern hast du mir ja geholfen, so dass ich weniger Angst hatte. Kannst du mir noch mal helfen?"

Da kommt Moritz vorbei. „Na, Merle?", fragt er, „willst du heute wieder mit dem gelben Dreirad fahren?" Merle wundert sich, dass Moritz so nett zu ihr ist.

Und sie fühlt sich plötzlich mutiger. *Da hat Gott mir aber gut geholfen*, denkt sie.

75

Ich war das nicht!

Lasse hat heute gar keine Lust, beim Spielkreis dabei zu sein. Sonst macht er eigentlich gern bei den Spielen mit, vor allem, wenn sie das Räuberlied singen und einige Kinder sich dabei verstecken.

Aber heute will er nicht mitmachen. Irgendwie ist ihm so komisch zu Mute. Er hat Angst, dass über die rosafarbenen Schuhe gesprochen wird. Was soll er nur tun, wenn Caroline fragt, wer die Schuhe gestern versteckt hat?

Wenn Caroline rauskriegt, dass ich es war, denkt sie vielleicht schlecht über mich. Oder sie sagt es Emily und die erzählt es dann Mama und ... So viele Gedanken gehen durch Lasses Kopf.

Ach, vielleicht hat Caroline die Schuhe ja einfach vergessen, hofft er. Kurz vor dem Stuhlkreis läuft Collin auf ihn zu.

Er tut so, als ob er ein Auto spielt, bewegt die Hände, als ob er einen Lenker in der Hand hält und ruft: „MHMHMH! Ich fahre auf den Parkplatz." Dann spricht er Lasse an: „Du, Lasse, wenn Caroline wegen der Schuhe fragt, dann sagen wir nichts, ist das klar? Ich will keinen Ärger kriegen."

„Aber", stottert Lasse, „wenn sie fragt, ob wir das waren?"

„Na und? Dann sagen wir einfach, dass wir das nicht gemacht haben. Keiner hat uns gesehen."

Collin schaut Lasse fest in die Augen. „Wehe, du sagst was. Dann kriegst du Ärger mit mir, Lasse."

Jetzt weiß Lasse gar nicht mehr, was er tun soll. Aber er muss beim Stuhlkreis mitmachen. Und – tatsächlich, das Erste, was Caroline fragt, ist: „Wir müssen noch eine Sache klären, die gestern passiert ist. Jemand hatte Merles Schuhe versteckt. Das war nicht lustig. Wir alle haben gesucht und Merle hat geweint. Also, wer hatte das getan? Wenn man etwas falsch gemacht hat, ist es richtig, wenn man sich von selbst meldet und sagt: Ich war es. Also, wer hatte die Schuhe versteckt?"

Caroline schaut sich um. Die meisten Kinder schütteln den Kopf oder sagen: „Ich war das nicht."

Nur Lasse guckt so komisch. Irgendwie ängstlich. „Lasse?", fragt sie. „Warst du das?"

Jetzt bekommt Lasse einen roten Kopf. „Ich?", fragt er. „Wieso ich? Nein, ich war das nicht."

Caroline fragt weiter, aber sie kann nicht herausfinden, wer die Schuhe versteckt hat. „Schade", sagt sie. „Ich dachte, jemand ist so mutig, zu sagen, dass er es war. Ich hätte einfach gern darüber gesprochen, warum das nicht gut war."

Lasse hat nun wirklich gar keine Lust mehr, mitzuspielen. Innendrin weiß er ganz genau, dass er sich hätte melden müssen. Aber dann hätte er mit Collin Ärger bekommen. Und Collin ist sein Freund.

Lasse geht mal kurz raus in den Waschraum. Er möchte allein sein. Irgendwie weiß er nicht, was er machen soll. Leise betet er: „Lieber Gott, ich weiß ja, dass ich es hätte sagen sollen. Aber es ist so schwer. Und außerdem, ich kriege Ärger von Collin, wenn ich es sage. Deshalb kann ich das nicht tun. Er ist doch mein Freund."

Plötzlich weiß Lasse innen drin ganz genau, was richtig ist. Gott will, dass Lasse sagt, dass er gelogen hat. Aber das ist schwer, richtig schwer. Lasse sagt leise: „Lie-

ber Gott, dann musst du mir aber helfen. Jesus, bitte entschuldige das mit dem Lügen."

Am liebsten würde Lasse im Waschraum bleiben, bis der Spielkreis zu Ende ist. Er versteckt sich hinter der Tür und zählt die selbst gebastelten bunten Blumen an der Wand. Doch da hört er plötzlich, wie Caroline seinen Namen ruft. „Lasse? Lasse, wo bist du denn?"

Er kommt hinter der Tür hervor. Caroline bekommt einen richtigen Schreck, weil sie gerade in den Raum gehen wollte. „Huh, hast du mich erschreckt. Was machst du denn hinter der Tür, Lasse?", fragt sie.

„Ich … ich …", und dann erzählt er Caroline die ganze Geschichte. Dass er die Schuhe versteckt hatte und dass er das ganz vergessen hatte, als er zum Turnen ging und … alles sagt er. „Tschuldigung, wegen dem Lügen", fügt Lasse noch hinzu.

Ob Caroline böse wird? Nein, sie schaut ihn ganz nett an. „Das ist aber gut, dass du mir das erzählt hast", sagt sie. Die beiden gehen zusammen zum Spielkreis zurück. Dort hat Gaby, die andere Erzieherin, inzwischen mit den Kindern weiter gespielt.

„Ich glaube, der Lasse will uns noch was sagen!", kündigt Caroline nach dem Spiel an. Das ist ein bisschen schwer für Lasse. Aber er erzählt die ganze Sache so, wie er sie eben Caroline erklärt hat. Von Collin sagt er nichts.

„Also, ich wollte nur einen kleinen Streich spielen und dann habe ich die Schuhe ganz vergessen und …"

„So", sagt Caroline, „das war richtig mutig von dir, dass du es gesagt hast. Jetzt können wir weiter spielen."

Lasse ist so erleichtert. Jetzt macht ihm das Spielen wieder Spaß. Gut, dass er mit Caroline gesprochen hat.

Sogar Merle scheint nicht böse auf ihn zu sein. „Mach das aber nicht noch mal", sagt sie nur.

Aber was wird Collin sagen? Ob Lasse jetzt Ärger von Collin bekommt?

Ja, Collin zieht ihn nach dem Stuhlkreis zur Seite.

„Du bist ja doof", sagt er, „wieso hast du das denn gesagt? Das ist überhaupt nicht cool."

Lasse hat ein kleines bisschen Angst. Aber nur ein kleines bisschen. „Na und?", entgegnet er. „Ich muss doch nicht tun, was du mir sagst."

Das ist ein schöner Kindergartenmorgen. Lasse fühlt sich richtig gut. Er ist froh, dass alles wieder in Ordnung ist.

SERIE 4

Schön, dass es dich gibt

Wo wohnt Gott eigentlich?

Wau! Wau! „Schneeflöckchen?", ruft Emily fragend. „Warum bellst du denn so aufgeregt? Ach, ich weiß schon. Du willst gern mit, wenn wir zum Kindergarten gehen. Du bist ja ein Quengelhund. Mama, Schneeflöckchen wird immer so aufgeregt, wenn wir unsere Jacken anziehen. Meinst du, er merkt, dass wir weggehen und bekommt dann Angst, dass wir ihn allein lassen?"

„Angst vielleicht nicht, Emily", erklärt Mama. „Aber Schneeflöckchen ist halt gern mit uns zusammen."

„Ach, Schneeflöckchen", tröstet Lasse den kleinen Hund und beugt sich hinunter, um ihn zu streicheln, „du darfst doch mitgehen." Ja, wenn man einen Hund hat, dann muss man ihm so manches erklären. Das ist klar.

Plötzlich fällt ihm etwas Lustiges ein. „Mama, weißt du was, wir gehen in den Kindergarten und Schneeflöckchen denkt bestimmt, dass er in den Hundegarten geht, wenn wir mit ihm durch den Park laufen."

Emily und Lasse müssen laut lachen. „Der Gartenpark soll ein Hundegarten sein?", prustet Emily. „Dann würde Schneeflöckchen dort ja auch basteln und in der Puppenecke spielen."

„Ja", sagt Lasse laut lachend. „Oder er baut eine Hundeeisenbahn auf."

Die beiden Kinder schütteln sich vor Lachen.

Mama lächelt auch ein bisschen. „Ihr seid zwei Spaßvögel", sagt sie. „So, habt ihr eure Rucksäcke? Emily, du musst heute deine rote Mütze aufsetzen. Es ist kalt."

„Ja, Mama", antwortet Emily. „Und was soll Schneeflöckchen anziehen, wenn er in den Hundegarten geht?" Die beiden Kinder können vor Lachen fast nicht mehr stehen. Und dann fällt Emily etwas ein: *Schneeflöckchen hat doch ein Hundekleid.* Sie läuft schnell los und kommt mit dem lila Puppenkleid zurück.

„Schneeflöckchen", lockt Emily den kleinen Pudel zu sich. „Du musst dein Hundegartenkleid anziehen."

Mama schüttelt den Kopf. „Emily, jetzt komm doch."

„Nein, Mama, Schneeflöckchen muss noch das Kleid anziehen."

„Aber das wird doch ganz schmutzig", meint Mama.

„Nein, Mama, das wird nicht schmutzig. Ich passe auf."

Und schon hebt Emily eine Hinterpfote des Hundes hoch, dann die andere, und zieht das Kleid über sein Hinterteil.

Sie ist ganz stolz darauf, wie schön ihr kleiner Hund aussieht. Hoffentlich treffen sie auf dem Weg zum Kindergarten einige Kinder mit ihren Mamas. Die werden dann bestimmt Emily und Lasse bewundern. Vielleicht werden sie sagen: „Oh, habt ihr einen schönen Hund!"

Auf der ersten Hälfte des Weges darf Lasse den kleinen Hund an der grünen Leine führen. „Siehst du, Mama", stellt Emily fest, „Schneeflöckchen weiß ganz genau, dass er sehr schön aussieht und sich nicht dreckig machen darf. So, Lasse, jetzt bekomme ich die Leine. Hier ist die Grenze."

Genau an dem Straßenschild mit den spielenden Kindern wird immer abgewechselt, wer Schneeflöckchen an der Leine halten darf.

Dann geht es ein Stück durch den Parkgarten. „Bestimmt sehen wir heute wieder die schönen bunten Schmetterlinge", freut Emily sich.

Oh, was ist das denn? Na so was: Ein Luftballon fliegt direkt über Emily hinweg. Fast kann sie die Schnur berühren, so dicht segelt er an ihr vorüber, bis der Wind kommt und ihn hoch in die Wolken wirbelt.

„Wau, wau", bellt Schneeflöckchen. Emily hält die grüne Leine fest in ihrer Hand.

Die beiden Kinder schauen dem Ballon nach. „Der Luftballon ist bestimmt dem Verkäufer in der Stadt weggeflogen", überlegt Lasse.

Dann ruft er begeistert: „Luftballon, flieg schön weiter. Flieg ganz hoch in den Himmel."

„Ja!", ruft Emily, „flieg ins Wolkenhaus vom lieben Gott! Hm", überlegt sie dann. „Wohnt Gott eigentlich in den Wolken?"

„Ach, Emily", erklärt Lasse ihr. „Gott wohnt doch nicht in einem Haus in den Wolken."

„Wo wohnt er denn eigentlich?", fragt Emily.

Lasse schüttelt den Kopf. „Der kann überall zugleich

sein. Und, das weißt du doch: Er wohnt ganz nah bei denen, die an ihn glauben und ihn liebhaben."

Dann wohnt er auch bei mir, freut sich Emily. *Das finde ich gut.*

Leise flüstert sie: „Danke, lieber Gott, dass du bei mir wohnst."

Augen voller Liebe

Im Parkgarten gibt es immer viel zu sehen. Besonders die kleinen braunen Pferde gefallen Emily gut.

Oh, was ist das denn? Schneeflöckchen zieht plötzlich so fest an der Hundeleine, dass Emily die Leine nicht mehr halten kann. „Wau, wau, wau!", bellt der kleine Hund ganz laut und aufgeregt und rennt genau auf einen wirklich großen Hund zu.

Emily bekommt einen riesigen Schreck. „Der Große frisst ihn, der Große frisst ihn!", schreit sie aufgeregt. Sie will hinter Schneeflöckchen herrennen, aber Mama hält sie fest. „Emily, Vorsicht", sagt sie. Der Mann, der den großen Hund an der Leine hat, ruft: „Keine Angst, mein Hund tut kleinen Hunden nichts. Er ist ganz lieb."

Und tatsächlich. Der große schwarze Hund und der kleine weiße Pudel beschnuppern sich nur. „Wau, Wau", bellt Schneeflöckchen und es klingt, als wolle er sagen: „Ich mag dich, großer Hund."

Emily ist wieder fröhlich. „Schneeflöckchen!", ruft sie, hockt sich hin und breitet die Arme aus. „Schneeflöckchen, komm zu mir."

„Wau, Wau!" Tatsächlich, der kleine Hund rennt zu Emily zurück. Aber wie sieht er jetzt aus? Oh nein, er ist durch eine große Pfütze gelaufen und sein lila Kleid hat ganz viele braune Spritzer bekommen und ist richtig dreckig geworden.

„Wau, wau", bellt er fröhlich. Der Ausflug scheint ihm Spaß gemacht zu haben.

„Wie siehst du denn aus?", jammert Emily. „Dein schönes Kleid."

Schneeflöckchen springt fröhlich an Emily hoch. Lasse schüttelt den Kopf. „Na, Emily, das war aber auch eine doofe Idee, Schneeflöckchen ein Kleid für draußen anzuziehen."

Emily verzieht den Mund. Jetzt möchte sie gar nicht mehr, dass ein anderes Kindergartenkind ihren kleinen Hund sieht.

Doch schon hört sie eine Stimme: „Na, Emily, na, Lasse! Oh, ist das euer Hund?" Die Stimme gehört zu Samantha, die auch mit ihrer Mama auf dem Weg zum Kindergarten ist.

Sie schaut den kleinen Hund an und lächelt bewundernd. „Ist der süß." Sie scheint die Flecken und den Schmutz auf dem Hundekleid gar nicht zu sehen. „Darf ich ihn streicheln?"

„Klar", sagt Emily und freut sich.

„Das ist der süßeste Hund auf der Welt!", ruft Samantha, und ihre dunklen Augen strahlen.

Emily schaut Schneeflöckchen noch einmal an. „Ja, finde ich auch", sagt sie und es scheint so, als ob plötzlich auch Emily den Schmutz auf dem Hundekleid gar nicht mehr sieht. „Er geht gleich in den Hundegarten!", erklärt sie lachend.

„Was, Hundegarten?", fragt Samantha erstaunt. Da müssen Emily und Lasse wieder laut lachen.

Emily nimmt Mamas Hand. „Weißt du was, Mama", überlegt sie, „zuerst war ich so ärgerlich auf Schneeflöckchen und auf einmal habe ich gemerkt, dass ich ihn lieb habe und da fand ich ihn schön, auch wenn er Flecken auf dem Kleid hatte."

Mama lächelt. „Tja, Emily, ich glaube, das kommt

davon, weil du ihn mit Augen voller Liebe gesehen hast."

„Was?", fragt Emily. So ganz versteht sie nicht, was Mama sagt. Aber es klingt irgendwie schön. Mit Augen voller Liebe …

Finja wird neidisch

Als Emily in ihre Kindergartengruppe kommt, muss sie immer noch über den Spaß, den sie heute Morgen mit Schneeflöckchen hatten, lachen.

Sie erzählt Finja davon. Die muss auch lachen. „Ein Hund mit einem Kleid, das muss ja lustig ausgesehen haben!", meint sie.

„Ja", sagt Emily. „Finja, ich konnte Schneeflöckchen natürlich nicht mit in den Kindergarten bringen, aber ich habe etwas anderes dabei."

„Ja, was denn?", fragt Finja. „Oh, wie süß", fügt sie hinzu, als Emily ihr zeigt, was sie mitgebracht hat. „Das ist ja eine ganze Pferdefamilie. So eine hätte ich auch gerne." Pferde sind doch meine Lieblingstiere. Und die Reiterinnen sehen so schön aus." Finja ist ganz begeistert.

Emily freut sich, dass Finja ihre Pferde so gut gefallen. „Welche Reiterin findest du am schönsten?", fragt sie.

Finja kann sich zuerst nicht entscheiden. Die mit den glitzernden Stiefeln findet sie schön, aber auch die Reiterin mit den langen Locken gefällt ihr. „Hm", überlegt sie, „ich finde die Reiterin mit den Glitzerstiefeln und mit dem rosa Hut am schönsten."

Emily lächelt. „Dann darfst du heute mit ihr spielen. Ich leihe sie dir aus. Ich nehme die mit den Locken und jeder von uns nimmt zwei Reiterkinder. Dann können wir spielen, dass die Reiterinnen mit ihren Kindern einen Ausflug machen."

„Oh ja", stimmt Finja zu. Sie denkt sich die Geschichte weiter aus: „Und dann kommen Wildpferde aus dem Wald – „trapp, trapp, trapp, trapp, trapp" – und zuerst haben die kleinen Reiterkinder Angst. Aber dann sind die Wildpferde ganz lieb und …"

Die beiden Mädchen haben immer wieder neue Ideen. Es macht ihnen richtig viel Spaß, zusammen zu spielen. Gut, dass heute der Tag ist, an dem sie Spielsachen mit in den Kindergarten bringen dürfen.

Finja hat auch etwas mitgebracht. Aber das lässt sie in ihrem Rucksack. Es ist ein Kuscheltier. Sie mag ihren schwarzen Kuschelhund mit dem kleinen weißen Fleck auf der Stirn sehr gern. Sie nimmt ihn zu Hause oft mit ins Bett.

Aber er sieht nicht mehr so schön aus, an manchen Stellen ist er sogar ein bisschen schmuddelig. Den Hund will sie Emily gar nicht zeigen. Die hat ja so schöne Pferde.

Es macht Finja Spaß, mit Emily zu spielen.

Aber zwischendurch kommt manchmal so ein Gedanke, den sie eigentlich gar nicht haben will. *Warum hat Emily so schöne Pferde und ich nicht?* Das findet sie nicht gut. Mitten im Spiel muss sie immer wieder darüber nachdenken.

Es ist lustig, als sie spielen, dass die Wildpferde kommen. Dazu haben sie sich einige Pferde aus der Spielekiste genommen.

Oh, das ist aber schade, jetzt ruft Caroline: „Kinder, gleich ist Aufräumzeit." „Ohh", seufzt Emily enttäuscht. „Schon?"

„Ja, schaut mal aus dem Fenster, die Sonne scheint so schön, wir wollen doch noch rausgehen."

Die Mädchen sind etwas enttäuscht. Sie haben doch so schön gespielt. Und jetzt müssen sie gleich schon aufhören.

Emily nimmt die Pferde und Reiterinnen und räumt sie in ihren karierten Rucksack, der im Flur an ihrem Haken hängt. *Rausgehen ist auch schön*, denkt sie. *Ich kann ja zu Hause weiter spielen.*

Finja ist enttäuscht. *Emily hat es gut*, denkt sie. *Die kann so lange mit den Pferden spielen, wie sie will. Und ich nicht.* Plötzlich kommt ihr eine böse Idee. Sie könnte doch … Emily hat ja mehrere Pferde und Reiterinnen. Und Finja hat keine einzige Reiterin. Und die mit den Glitzerstiefeln gefällt ihr besonders gut. Ja, die hätte sie so gern. Sie könnte doch … ob sie … ob sie … nein, das wäre ja klauen. Das wird sie nicht tun. Oder doch? Emily wird es vielleicht gar nicht merken. Vielleicht wird sie erst zu Hause sehen, dass eine Reiterin fehlt. Und dann wird sie nicht wissen, wer sie genommen hat.

Der Wunsch, die Reiterin wegzunehmen, geht nicht mehr aus Finjas Gedanken.

Als Emily gerade mit Merle spricht und ihr neues pinkfarbenes T-Shirt bewundert, geht Finja langsam durch den Flur. Sie schaut sich nach allen Seiten um. Kein anderes Kind ist im Flur. Soll sie die Reiterin nehmen oder soll sie es lieber nicht tun?

Finja schaut sich noch einmal um. Niemand ist im Flur. Wenn sie die Reiterin haben will, dann muss sie sie jetzt nehmen. Denn jeden Moment könnte ein Kind kommen und Finja sehen.

Sie möchte eigentlich nichts wegnehmen. Aber jetzt will sie so gerne, so unbedingt, diese Reiterin haben. Und so streckt Finja ihre Hand aus, öffnet blitzschnell Emilys Rucksack und nimmt die Reiterpuppe mit den Glitzerstiefeln heraus.

Plötzlich hört Finja Schritte. Oh nein, sie hat die Puppe noch in der Hand. So schnell sie kann, wirft sie die Reiterin in ihren eigenen roten Rucksack und dreht sich um. Gerade rechtzeitig, denn jetzt kommen Merle und Emily in den Flur. Finja setzt sich so vor ihren Rucksack, dass die beiden Freundinnen nicht sehen können, dass er offen ist.

Emily fragt: „Merle, soll ich dir noch schnell meine Pferdefamilie zeigen?"

Merle und Emily stehen vor Emilys Platz. Finja macht ganz schnell ihren roten Rucksack zu. Dann geht sie in den Gruppenraum zurück. Hoffentlich bemerkt Emily nicht, dass die Reiterin mit den Glitzerstiefeln fehlt.

Finja würde sich am liebsten verstecken. Aber das geht ja nicht.

Sie läuft zu Caroline und lehnt sich ein bisschen an sie. „Na, Finja?", meint Caroline freundlich und drückt sie kurz an sich.

Oh, was ist das? Emily kommt auf Finja zu. Sie ist ganz aufgeregt. „Finja, kannst du mir helfen? Meine Reiterin mit den Glitzerstiefeln ist weg. Weißt du, die, mit der du gespielt hast. Ich habe schon meinen ganzen Rucksack durchwühlt. Vielleicht ist sie runtergefallen?"

Finja wird es ganz heiß innendrin. Aber sie will Emily nicht sagen, dass sie die Reiterin weggenommen hat. Es ist schlimm, was sie getan hat, sehr schlimm. Emily sucht den ganzen Raum ab.

Finja tut so, als ob sie ihr hilft. Auch Lasse versucht, die Reiterin zu finden. Aber sie ist nirgends zu sehen. Es scheint so, als sei die Reiterin verschwunden. Nur Finja weiß, wo sie ist. Oder?

Was ruft Moritz da? „Ich hab sie!"

Lasse und Emily laufen schnell zur Kindergarderobe. „Wo ist sie denn?", fragt Emily. Moritz zeigt mit dem Finger auf einen roten Rucksack. Er liegt auf dem Platz unter dem Prinzessinnenschild. Das ist doch Finjas Platz. Und der rote Rucksack gehört ihr. Nein, das gibt es doch nicht: Wirklich, ein Glitzerstiefel schaut genau aus Finjas rotem Rucksack hervor.

„Finja!", ruft er streng und läuft in den Gruppenraum. „Hast du die Reiterin weggenommen?" Finja beginnt zu weinen. Dann nickt sie ein ganz kleines bisschen. Ist das schlimm. Lasse, Emily, Merle und Moritz schauen sie sehr böse an.

„Das ist aber gemein", schimpft Lasse.

Emily sieht auch so aus, als würde sie fast weinen. Es ist ganz schlimm. Finja schluchzt. „Ja", gibt sie zu. „Ich, ich wollte die Reiterin so gern haben. Und ich mach das nie wieder. Das war … das war … richtig doof."

Emily schaut Finja an. Sie ist sehr enttäuscht. Zuerst denkt sie: *Finja ist nicht mehr meine Freundin. Ich lade sie auch nie wieder zu meinem Geburtstag ein.*

Emilys Augen werden ein bisschen feucht. Schnell läuft sie so weit wie sie kann von Finja weg und stampft mit dem Fuß auf. Sie braucht jemanden, der sie tröstet. Soll sie mit Lasse reden? Der ist ja auch wütend auf Finja. Oder ... soll sie beten?

„Lieber Jesus", betet sie leise. „Weißt du, was Finja gemacht hat? Etwas ganz Schlimmes. Sie hat ..." Emily schaut richtig böse vor sich hin.

Komisch, warum fällt ihr jetzt plötzlich Schneeflöckchen ein?

Ach ja, auf Schneeflöckchen war sie heute zuerst auch ärgerlich gewesen, weil der kleine Hund etwas falsch gemacht hatte. Und dann? Was hat Mama gesagt? Dass Emily Schneeflöckchen mit Augen voller Liebe angeschaut hat?

Auf einmal fällt Emily etwas ganz Wichtiges ein: *Jesus verzeiht mir immer, wenn ich was falsch gemacht habe und ihn um Entschuldigung bitte. Er schaut mich immer mit Augen voller Liebe an. Er will, dass ich auch anderen verzeihe.*

Dann will ich auch Finja verzeihen und sie lieb haben, obwohl sie bei mir etwas geklaut hat.

Sie geht auf sie zu. „Finja, mach das aber nicht nochmal, hörst du!", sagt sie streng. „Sonst sage ich es sofort Caroline!"

Finja nickt. Sie sieht dabei ganz traurig aus. „Du bist aber noch meine Freundin", tröstet Emily sie und schaut sie freundlich an.

Finja freut sich. Es ist schön, wenn man sich lieb hat, auch wenn einer einen Fehler macht.

Das schenk ich dir!

Als Finja zu Hause ist, denkt sie noch einmal an den aufregenden Kindergartentag zurück. Sie freut sich sehr, dass Emily so lieb zu ihr war.

Sie würde ihr gern etwas schenken. Aber worüber könnte Emily sich freuen? Finja schaut sich in ihrem Kinderzimmer um. Vielleicht kann sie ihr ja ein kleines Spielzeug schenken. Wie wäre es mit der Mickymaus, die auf ihrem Kinderschreibtisch steht? Oder eine Puppenwindel, auf der so lustige kleine Vögel zu sehen sind?

Natürlich muss sie erst Mama fragen, wenn sie Emily etwas von ihrem eigenen Spielzeug geben will.

Ob Emily es auch schön fände, wenn Finja ihr ein Bild malt? Ja, das wird sie tun. Finja setzt sich an ihren Kindertisch. Sie malt sich mit ihrem schönsten T-Shirt – es ist lila mit einem Herz aus glitzerndem Stoff – und Emily mit ihrer kuscheligen rosa Jacke, wie sie Puppenhochzeit spielen.

Da fällt ihr plötzlich etwas ein. Ja, das ist eine gute Idee. Emily hat ja keinen Brautschleier für ihre Mia-Puppe. Und sie hätte gern einen, das weiß Finja.

Aber, wenn Finja den Brautschleier abgibt, hat sie ja selbst keinen mehr. Finja überlegt. Emily ist ihre Freundin. Und sie war so lieb zu ihr. Jetzt möchte Finja ihr eine ganz besondere Freude machen. Ja, sie wird ihr den Puppen-Brautschleier schenken.

Natürlich nur, wenn Mama es erlaubt. Finja steht so schnell und heftig von ihrem Kinderstuhl auf, dass der – „klapp" – nach hinten fällt.

„Du, Mama?", ruft sie.

„Was ist denn, mein Schatz?"

„Du, Mama, du weißt doch, dass Emily meine beste Freundin ist, oder?"

„Ja", antwortet Mama, „und Merle, die hast du doch auch gern."

„Ja, aber, Mama, die Emily war so lieb zu mir und sie wünscht sich so sehr einen Puppen-Brautschleier und – kann ich ihr meinen schenken?"

„Den Brautschleier von deiner Amanda? Aber willst du ihn denn nicht selbst behalten?"

„Nein, ja, also, nein, ich will ihn ihr schenken. Darf ich? Bitte, Mama."

„Na, wenn du unbedingt willst, von mir aus", gibt Mama nach. Finja packt den Puppen-Brautschleier in rosa Geschenkpapier ein und bindet eine grüne Schleife um das Geschenk.

Sie ist schon so gespannt darauf, was Emily sagen wird. Bestimmt wird sie sich sehr freuen, oder?

Als Emily am nächsten Tag in den Kindergarten kommt, wartet Finja schon auf sie. „Na, Emily?", sagt sie und lächelt sie an, als ob sie ein Geheimnis hätte. Das hat sie ja auch. Sie hält es hinter ihrem Rücken versteckt.

„Was ist denn, Finja, was hältst du denn da hinter deinem Rücken fest?", fragt Emily neugierig. „Ich hab was für dich", erklärt Finja geheimnisvoll. Nun ist Emily sehr gespannt.

„Du hast was für mich? Was denn?", fragt sie. Da legt Finja ihr ein rosa verpacktes Geschenk in die Hände.

„Warum schenkst du mir denn was?", fragt Emily erstaunt. „Ich hab doch nicht Geburtstag." Gleichzeitig packt sie ihr Päckchen aus und … atmet tief ein, so freut sie sich. „Dein Puppen-Brautschleier", staunt sie. „Oh! Willst du mir den echt schenken?"

Sie strahlt so, dass es Finja ganz warm wird, so freut sie sich, weil Emily sich freut.

„Ja", sagt sie. „Weil du meine Freundin bist."

„Danke", ruft Emily, „ich freue mich so. Und wie wird sich erst meine Mia freuen, wenn sie ihren Brautschleier sieht."

Die Schatzkiste

Caroline guckt richtig geheimnisvoll. Alle Kinder sitzen im Stuhlkreis zusammen. Caroline hält etwas unter einer Decke versteckt. Was ist das wohl? In der Hand hält sie eine Kinderbibel.

„Wer von euch weiß denn noch, welche Geschichte wir letztes Mal aus der Kinderbibel gehört haben?", fragt sie. Lasse kann sich nicht mehr daran erinnern. Aber Moritz weiß es noch. „Wir haben gehört, dass Gott die ganze Welt gemacht hat."

„Ach ja", fällt es Lasse ein. „Und die Affen." Die Kinder lachen. Affen sind wohl Lasses Lieblingstiere.

„Ja, genau", fügt Ercan hinzu. „Gott hat den Mond und die Sterne gemacht." „… und die Bäume und die Blumen", fällt es Merle ein. „Ja", ruft Joni, „und das Meer und die Schiffe."

„Nee", erklärt Moritz ihm. „Die Schiffe doch nicht."

„Wieso nicht?", fragt Joni und schaut Caroline an.

„Ihr habt beide recht", sagt Caroline. „Gott hat nicht einfach die Schiffe in die Welt gestellt. Aber er hat den Menschen so gemacht, dass er zum Beispiel Schiffe bauen kann."

„Ja, genau", sagt Joni.

„Und heute erzähle ich euch von etwas ganz Besonderem, was Gott gemacht hat. Die Kinder schauen sich an. Sie wissen nicht, was Caroline meint. Caroline nimmt die Decke weg. „Oh, eine Schatzkiste!", ruft Merle. „Ist die schön."

„Ja", stimmt Caroline zu. „In dieser Schatzkiste seht ihr etwas ganz Besonderes, was Gott gemacht hat. Gaby

wird sie jetzt verstecken und ihr dürft sie suchen. Wer sie als Erster findet, darf auch zuerst hineinschauen."

Oh, das macht Spaß. Moritz und Lasse beugen sich ein bisschen vor, so dass sie schnell aufstehen können, wenn es losgeht.

„Also, Kinder, Augen zu! Aber nicht blinzeln!", ruft Caroline lächelnd. Die Kinder kneifen die Augen zu.

Es dauert einen kleinen Moment, bis Gaby die Schatzkiste versteckt hat.

Die Kinder hören, wie ihre Schritte immer leiser werden. „Klack, klack, klack …"

Dann ruft sie: „Ihr könnt suchen!" Moritz und Lasse laufen sofort los. Moritz schaut in der Bauecke nach und Lasse stellt sich sogar auf einen Stuhl, damit er alles gut übersehen kann. Aber es ist Merle, die die Schatzkiste unter der Puppenbettdecke findet.

„So", sagt Caroline. „Merle hat die Schatzkiste gefunden."

Sie setzt sich so hin, dass nur Merle in die Schatzkiste gucken kann, kein anderes Kind. Merle schaut hinein und … schaut sich selbst im Spiegel an. Mitten in der Schatzkiste ist nämlich ein Spiegel, in dem man sich sehen kann. „Du siehst etwas Wunderbares, was Gott geschaffen hat."

Merle freut sich. Sie findet es schön, sich anzuschauen und daran zu denken, dass Gott sie gemacht hat.

Ein Kind nach dem anderen darf in die Schatzkiste schauen. Manche grinsen ein bisschen, wenn sie sich selbst im Spiegel sehen. Aber andere freuen sich sehr, dass Gott sie gemacht hat. Samantha schaut als Letzte in die Schatzkiste.

„Gott hat dich gemacht, Samantha", sagt Caroline zu ihr. Merle staunt: „Samantha, du hast so schöne dunkle Haut, die hat Gott gut gemacht." Samantha freut sich. „Und deine auch, die sieht auch schön aus", findet sie.

„Gott hat uns alle gemacht, weil er uns lieb hat", sagt Caroline.

Merle hat so ein warmes Gefühl in sich. Sie will Gott auch lieb haben. Manchmal tut sie Dinge, die falsch sind. Ob Gott sie trotzdem lieb hat? Oder ob er dann böse auf sie ist?

Plötzlich spürt sie es: Gott hat sie immer lieb, auch wenn sie Dinge falsch macht. Sie sagt ganz leise: „Lieber Gott, danke, dass du mich lieb hast. Lieber Jesus, ich möchte gern, dass wir Freunde sind. Bitte entschuldige alles Böse, was ich gemacht habe. Danke, dass du bei mir bist."

Dann schaut sie sich um. Jedes Kind sieht anders aus. Die einen haben eine weiße Haut, andere eine dunkle. Ercan spricht manchmal eine andere Sprache, wenn seine Mama mit ihm redet. Joni ist kleiner als Moritz. Amelie ist eine Spaßmacherin und Moritz hilft gern. Jedes Kind ist anders.

Und Gott kennt sie alle ganz genau und hat jedes Kind so lieb. *Das ist schön*, denkt Merle und lächelt dabei vor sich hin. *Gott kennt mich immer, auch wenn ich Emilys Jacke anhabe oder mich verkleide.*

Das Wunschgedicht

Am nächsten Tag liest Caroline den Kindergartenkindern ein Gedicht vor. Sie sagt: „Wer das Gedicht zu Hause lernen möchte, kann einen dieser gelben Zettel mitnehmen, auf dem es aufgeschrieben ist. Eure Mama oder Papa können es euch vorlesen und wenn ihr das Gedicht morgen aufsagen könnt, dürft ihr euch etwas wünschen."

„Etwas wünschen?", fragt Lasse. „Was denn? Darf es viel Geld kosten?"

Caroline lächelt. „Nein, nicht etwas, was Geld kostet. Ihr dürft euch etwas wünschen, was euch die Kindergartengruppe schenken kann. Aber es muss etwas Gutes sein."

Moritz lacht. „Na klar. Man kann sich ja nicht wünschen, dass man alle Kinder ärgern darf."

„Genau", stimmt Finja lächelnd zu. „Oder dass alle Kinder einen bedienen müssen. Also, wenn ich das Gedicht lerne, dann weiß ich schon, was ich mir wünsche." „Was denn?", fragt Emily. Finja legt den Finger auf die Lippen. „Es ist ein Geheimnis. Und gute Geheimnisse dürfen nicht verraten werden."

„Man kann sich ja im Stuhlkreis ein Spiel wünschen", überlegt Emily. „Ja", sagt Caroline, „das ist eine gute Idee." „Oder man kann sich ja auch wünschen, sich als Allererste ein Fahrzeug für draußen auszusuchen", schlägt Merle vor. *Dann würde ich das gelbe Dreirad nehmen,* denkt sie.

„So, jetzt hört euch noch einmal das Gedicht an", meint Caroline. „Es passt zu dem, was wir gestern in der Schatztruhe gesehen haben."

105

Die Kinder hören gut zu.
Bevor ich kam auf diese Erde
hat Gott mich schon gekannt.
Er wollte, dass ich geboren werde
und hat mich beim Namen genannt.

„Oh, das ist ja nicht so lang", meint Lasse. „Ja, das kann ich auch lernen", sagt Joni.

Auch Ercan will es auswendig lernen und Finja sowieso.

Denn Finja weiß schon, was sie sich wünschen will, wenn sie das Gedicht gelernt hat.

Finja kann das Gedicht schon gut aufsagen. Mama hat ihr ein paarmal die Sätze vorgelesen und Finja hat sich schon ziemlich viel gemerkt. Jetzt sitzt sie in ihrem Kinderzimmer auf dem kuscheligen Teppich, der aussieht wie ein Schäfchen, und sagt es noch einmal vor sich hin.

Bevor ich kam auf diese Erde, hat Gott mich schon gekannt. Er wollte, dass ich geboren werde … auf einmal muss Finja nachdenken. Sie schaut ihre Babypuppe an. Die Puppe hat eine blaue Hose und eine gestreifte Jacke an. „So klein wie deine Puppe warst du, als du auf die Welt kamst", hat Mama schon öfter gesagt und dabei gelächelt.

Finja nimmt die Babypuppe auf den Arm. *So klein war ich und Gott hat mich schon gekannt, bevor ich geboren wurde.* Darüber muss Finja ein bisschen nachdenken.

Sie zieht nämlich ihre Babypuppe immer wie einen Jungen an. Warum, das weiß sie selbst nicht. Finja denkt eben manchmal, dass sie selbst lieber ein Junge geworden wäre. Und deshalb zieht sie auch die Babypuppe so an.

Ihr Cousin, der nebenan wohnt, ist nämlich ein Junge. Er ist schon neun und hat einen lustigen blonden Lockenkopf. Finja findet Lukas ziemlich cool, vor allem, wenn er mit ihr Fußball spielt. Und Mama sagt oft etwas Gutes über ihn. Dass Lukas gut ist in der Schule und wie gut er Ball spielen kann und so.

Doch jetzt überlegt Finja. Wenn Gott sie gemacht hat, dann hat er doch gewollt, dass sie ein Mädchen wird. Dann hat Gott sich bestimmt etwas Gutes für sie überlegt.

„Naja", sagt sie zu ihrer Puppe. „Ich bin ein Mädchen und deine Puppenmutter. Jungs sind nicht besser oder können mehr oder so. Mädchen sind genauso cool.

Weißt du was, wir spielen, du wärst auch ein Mädchen und wir würden Lukas im Fußball besiegen."

Sie nimmt die Babypuppe auf den Arm und geht zu ihrer Mama ins Wohnzimmer. „Mama?", fragt sie. „Wie soll ich die Puppe anziehen? Als Junge oder als Mädchen?"

„Hm?", fragt Mama. „Das kannst du dir doch selbst überlegen."

„Nein, Mama, ich wollte ja fragen … du, Mama, wen findest du besser, einen Jungen oder ein Mädchen? Weil zum Beispiel Lukas ja ein Junge ist und ich bin ein Mädchen."

Mama lächelt. „Du bist meine Finja und dich würde ich nie tauschen wollen. Eine Mutter hat doch ihr Kind am liebsten. Ob es ein Junge oder ein Mädchen ist."

Finja hebt die Puppe ein bisschen höher. „Klar", sagt sie. Ihr ist ganz leicht zu Mute.

Tatsächlich, am nächsten Tag weiß Finja das Gedicht noch. Caroline, Gaby und alle Kinder klatschen, weil Finja es so schön aufgesagt hat.

Die Kinder sitzen im Stuhlkreis zusammen.

Finja sagt: „Caroline, du hast doch gesagt, dass man sich etwas wünschen darf, wenn man das Gedicht gelernt hat." „Ja", antwortet Caroline, „das stimmt. Hast du denn einen Wunsch, Finja?"

„Ja, ich habe mir was überlegt." „Und was wünschst du dir?", fragt Caroline. „Also, ich möchte heute im Spielkreis mal die Erzieherin sein und du und Gaby, ihr seid die Kinder. Das wünsche ich mir."

Caroline lächelt. „Na, da hast du dir aber was Lustiges ausgedacht. Komm, Gaby, wir tun so, als ob wir Kindergartenkinder sind und Finja spielt die Erzieherin."

Emily lächelt. „Finja, dann kannst du ja jetzt sagen, was wir spielen."

Finja ruft: „Kinder, jetzt seid mal alle leise, damit wir anfangen können. Elias, Ercan, psst, leise sein, wir wollen was spielen!"

Aber Elias und Ercan sind nicht leise. Auch andere Kinder machen Quatsch. Sie stoßen sich an, kichern oder reden Unsinn.

„Hi, hi, hi", sagt Elias albern vor sich hin. „Ruhe", ruft Finja. „Psst, Psst …! Wir wollen anfangen. Merle, du darfst dir ein Spiel wünschen."

„Wieso Merle?", fragt Amelie. Nur weil sie deine Freundin ist? Das ist ungerecht."

Finja überlegt. „Dann darfst du dir auch gleich ein Spiel überlegen, Amelie", schlägt sie vor. Merle wünscht sich das Mäuseversteckspiel. Sie sucht Moritz, Paul und Emre als Mäusejungen aus. Emily und Charlotte sollen mit Merle zusammen die Mäusemädchen spielen.

Doch was ist jetzt los? Moritz und Paul laufen aus dem Stuhlkreis und rennen wie wild durch den Raum. So geht das Spiel doch gar nicht. Finja weiß nicht, was sie tun soll. „Kommt zurück!", ruft sie. „Ihr sollt doch die Mäusejungen spielen."

Aber die beiden hören nicht auf sie. Sie machen einfach nur Quatsch. Was kann Finja tun? Sie schaut Caroline an. Die könnte ihr doch helfen. Aber Caroline spielt ja ein Kind. Finja ruft: „Moritz und Paul, jetzt kommt hierher, sonst dürft ihr nicht mehr die Mäuse spielen." „Wollen wir ja auch nicht", lacht Paul.

Finja versucht, das Mäuselied zu singen: *Die kleine Maus will sich verstecken, ja, wer kommt denn da …* Die anderen Kinder singen mit. Ob Moritz und Paul nun zurückkommen? Nein. Na gut, dann sucht Finja jetzt zwei andere Jungen aus, die mitspielen dürfen. „Elias und Lasse, wollt ihr dann mitmachen?" So, jetzt kann es losgehen. Oh, ein Glück, das Spiel klappt gut. Finja findet, dass sie schon ganz gut darin ist, eine Erzieherin zu spielen.

Doch nun weint plötzlich Charlotte. Paul hat sie aus Versehen gestoßen, weil er so wild rumgelaufen ist. Finja ermahnt ihn: „Paul, jetzt setz dich endlich hin." Aber Paul und Moritz rennen weiter herum. Und nun steht auch noch Ercan auf und läuft ihnen nach. Ist das ein Durcheinander. Finja weiß gar nicht mehr, was sie tun soll. Zuerst versucht sie mal, Charlotte zu trösten.

Doch gerade jetzt geraten Amelie und Lucy in einen Streit. Lucy zieht Amelie an ihren langen braunen Zöpfen und die schreit ganz schrill und laut.

Nun reicht es Finja aber: „Jetzt seid mal ruhig!", ruft sie. Einige Kinder hören auf sie und andere nicht. Plötzlich hat Finja eine Idee. Ihr fällt das Obst ein, das es heute zum Ende des Stuhlkreises geben soll. Sie hat ja selbst Gaby geholfen, die Erdbeeren zu waschen und hat die Bananenstückchen in die Schale gelegt.

„Hört mal alle her!", ruft sie. „Gleich holen wir die Schale mit Obst und die Kinder, die im Stuhlkreis gut mitmachen und nicht rumrennen, dürfen zuerst nehmen."

Oh, das hilft. Die Kinder schauen sie erwartungsvoll an. Finja fragt: „Caroline, kannst du die Obstschale holen?" Caroline sagt mit piepsiger Kinderstimme: „Ja, aber Emily soll mitkommen."

Da müssen alle Kinder lachen. Finja hält jedem Kind die Obstschale mit den schönen roten Erdbeeren und den Bananenstückchen hin und alle nehmen sich, was ihnen am besten schmeckt. Endlich kommen auch Paul, Moritz und Ercan.

„Wir wollen auch Erdbeeren!", rufen sie. Finja hält ihnen die Schale hin. Aber es liegen nur noch Bananenscheiben darauf. „Wo sind die Erdbeeren? Die anderen haben doch Erdbeeren gegessen", sagt Moritz vorwurfsvoll. „Tja", meint Finja, „ihr wart ja nicht im Stuhlkreis, jetzt sind die Erdbeeren alle, da habt ihr Pech." Paul zieht ein beleidigtes Gesicht. Die Kinder lachen. Finja sagt: „So, Caroline und Gaby, jetzt könnt ihr wieder die Erwachsenen sein."

Puh, es ist ganz schön anstrengend, Erzieherin zu spielen. Aber auch ein bisschen schön.

Wir gehören zusammen

Das Räuberspiel

Moritz und Lasse spielen heute Räuberbande. Sie haben Bäume aufgebaut, eine Räuberhütte und ein schwarzes Räubergefängnis. Im Nebenraum der Kindergartengruppe sind immer nur ein paar Kinder, so dass sie da in Ruhe spielen können. Hier gibt es viele bunte Kissen, die man zu Türmen aufeinanderstapeln kann, aber auch Bausteine und kleine Holzmännchen in ganz verschiedenen Farben.

„Moritz, die blauen Männchen sind die Räuber, okay?", schlägt Lasse vor. „Ja, gut, komm, wir bringen sie zum Räuberversteck. Sie müssen ganz leise sein, damit die Leute, die über den Weg gehen, sie nicht hören können."

„Ja", flüstert Lasse. „Und die roten Männchen sind die Leute, die von den Räubern überfallen und ins Gefängnis geworfen werden. Und zum Schluss kommt die Polizei."

„Genau", stimmt Moritz begeistert zu. „Und die sagt dann: ‚Ins Gefängnis, ihr Räuber.' Und alle Leute, die vorher von den Räubern ins Räubergefängnis gesperrt wurden, werden dann freigelassen."

Den beiden Jungen macht das Räuberspiel richtig viel Spaß. Nur eines gefällt ihnen nicht: Das Räubergefängnis sieht nicht so gefährlich aus, wie es sein sollte. Der Wald, in dem es steht, ist irgendwie zu hell.

Moritz schaut die weiße Wand hinter dem Räuberwald an. Plötzlich hat er eine Idee. „Du, Lasse, ich finde, hinter dem Räuberwald muss es eigentlich ganz dunkel aussehen. Dann kriegen die Leute, die von den Räubern gefangen werden, wenigstens richtig viel Angst."

Lasse schaut Moritz an. „Ja, das wäre gut. Aber wir haben keine dunkle Wand im Kindergarten." Moritz lächelt ein wenig verschmitzt. „Wir haben keine dunkle Wand. Aber wir können ja eine aufmalen. Dann können wir hier immer Räuber spielen. Oder auch andere Spiele, bei denen wir einen dunklen Wald brauchen."

Lasse weiß nicht so recht, was er sagen soll. „Das dürfen wir aber nicht", erklärt er. „Ach", meint Moritz, „das ist doch egal. Ich glaube, du traust dich nur nicht, Lasse. Weißt du, wir würden ja nicht so viel anmalen. Nur hier ganz unten, da könnten wir die Wand dunkel anmalen. Das sieht man ja fast gar nicht. Na, machst du nun mit oder nicht?"

Was soll Lasse tun? Wenn er nicht mitmacht, sagt Moritz vielleicht Feigling zu ihm. Und außerdem brauchen sie ja wirklich eine dunkle Wand. Eigentlich weiß Lasse genau, dass es nicht richtig ist, die Wand zu bemalen.

Aber er möchte so gern mitmachen. Außerdem, Moritz hatte ja die Idee. Und wenn Lasse nur mitmacht, ist es vielleicht nicht ganz so schlimm, oder?

Und obwohl Lasse genau spürt, dass er nicht helfen soll, die Wand zu bemalen, sagt er: „Klar mache ich mit, Moritz. Warte, ich hole die Wasserfarbe. Dann können wir die Wand so richtig gut bemalen."

Lasse holt ein Töpfchen mit dunkelbrauner Wasserfarbe und den Topf mit der schwarzen Farbe. Er weiß, dass sie mit Wasserfarben nur am Maltisch malen dürfen. Aber das geht ja jetzt nicht.

Er versteckt die Farben hinter seinem Rücken. „Hier, Moritz, nimm schon mal die Farbe. Ich bringe gleich noch zwei Pinsel." „Ja", flüstert Moritz. „Und ich hole Wasser."

Als Lasse mit den Pinseln da ist, geht Moritz los. Alles muss heimlich geschehen. Die Erzieherinnen dürfen nicht merken, was die Jungen tun. Er füllt einen Malbecher mit Wasser und läuft damit zu Lasse.

So, jetzt ist alles bereit.

Jeder der beiden Jungen nimmt einen Pinsel und taucht ihn in das Wasser. Huh, das Wasser wird ja gleich ganz dunkel.

Moritz schaut Lasse an. Lasse schaut Moritz an. Wer wird als Erster malen? Es ist Lasse. Er will schließlich nicht, dass Moritz Feigling zu ihm sagt. Er malt ein kleines Stückchen der Wand schwarz an. „So, jetzt du, Moritz", sagt er. Moritz kichert ein bisschen. Neben Lasses schwarzen Fleck malt er eine braune Höhle. Und dann malen die Kinder immer weiter. Tatsächlich, ein Stück der Wand sieht jetzt schon ganz unheimlich aus. Gerade richtig für das Räuberspiel.

„Ich glaube, das reicht, Moritz. Oh, du hast einen braunen Fleck im Gesicht", erklärt Lasse. Er rutscht ein wenig zurück und … oh nein, er stößt gegen den Wasserfarbbecher und auf dem Boden des roten Teppichs gibt es einen hässlichen dunklen Fleck. „Oh", sagt Lasse erschrocken, „das wollte ich nicht, ist mir nur passiert." „Ach, Lasse, was machst du denn?", schimpft Moritz. „Ich glaube, wir räumen die Farben jetzt besser weg."

„Ja, das finde ich auch", stimmt Lasse zu.

Plötzlich gefällt die dunkle Wand den beiden Jungen nicht mehr. Und der Fleck auf dem Teppich sieht schlimm aus. Ob sie Ärger bekommen werden? Es wäre besser gewesen, wenn sie die Wand nicht angemalt hätten, oder?

Es gibt Ärger

Moritz und Lasse wollen gerade heimlich die Farben wegräumen, als sie Carolines Stimme ganz in ihrer Nähe hören. Sie schauen sich erschreckt an. Dann schieben sie blitzschnell die Farbtöpfchen mitten in ihr Räubergefängnis. Dabei fallen einige Bäume gegeneinander: „Klack, klack." Schnell heben die Jungen sie auf. Dann versuchen sie, sich so vor die Wand zu stellen, dass man die bemalte Tapete nicht sieht.

„So, Moritz, Lasse, räumt ihr dann auch auf? Ach, ihr habt ja so einen schönen grünen Wald aufgebaut. Wenn ihr wollt, könnt ihr den bis morgen stehen lassen, auch die kleinen Männchen."

Normalerweise freuen sich die Kinder immer, wenn sie nicht alles wegräumen müssen, aber heute gucken sie gar nicht fröhlich. Sie stehen an der schwarz-braun bemalten Wand und bewegen sich nicht. Caroline wundert sich. „Lasse, Moritz. Habt ihr gehört?" Sie kommt etwas näher und … atmet tief und erschreckt ein. „Was ist das denn? Oh nein. Das gibt's doch nicht. Habt ihr die Wand bemalt? Das ist doch wohl nicht wahr. Gaby, komm mal!", ruft sie die andere Erzieherin. „Stell dir vor, die Jungen haben die Wand bemalt."

Gaby schaut sich die bemalte Tapete an. „Das hätte ich nicht gedacht", schimpft sie. „Ihr seid doch schon so groß. Das wisst ihr doch, dass man niemals eine Wand anmalen darf. Tja, dann könnt ihr heute nicht mit nach draußen gehen. Ihr müsst die Wand erst mal sauber machen. Hoffentlich gehen die Flecken überhaupt weg."

Sie seufzt vor sich hin.

Caroline nickt ihr zu. „Gaby, schaust du, dass sie die Wand sauber machen? Ich gehe dann schon mal mit den anderen Kindern auf den Spielplatz."

Gaby holt einen Eimer mit Wasser und gibt den Jungen einen Lappen. Sie zeigt ihnen genau, wie sie die Wand abwischen sollen. Ganz vorsichtig und mit wenig Wasser. Plötzlich entdeckt sie den Fleck auf dem Teppich. „Oh nein, das gibt es doch nicht. Auf dem Teppich ist auch noch ein Fleck. Da habt ihr aber richtig viel zu putzen."

Moritz und Lasse verziehen den Mund. Gaby bleibt die ganze Zeit bei ihnen und schaut zu, ob sie richtig putzen. Es macht gar keinen Spaß. Hätten sie doch die Wand nicht bemalt.

Es dauert ganz schön lange, bis sie fertig sind. Zwischendurch mussten sie mehrmals neues Wasser holen. Sie haben so viel Farbe abgewaschen, dass das Wasser im Eimer sich immer wieder braun und schwarz färbte. Aber die Tapete sieht nicht mehr schön aus. Irgendwie ist sie ein bisschen schmutzig geblieben. Auch den roten Teppich haben sie nicht ganz sauber bekommen.

Am liebsten würden sie nun schnell nach draußen laufen. Ob jetzt alles wieder gut ist?

Nein, es ist nicht einfach gut damit, dass sie die Tapete abgeputzt haben. Gaby fragt: „Was habt ihr euch nur dabei gedacht, eine Wand anzumalen? Das darf man doch nicht tun. Wenn ihr so etwas macht, könnt ihr nicht nochmal allein im Nebenraum spielen."

Sie schaut die Jungen an. Sie ist richtig ärgerlich. Lasse verzieht den Mund und streicht mit der Hand durch seine Wuschelhaare. Oh, jetzt sind die ein bisschen schwarz geworden, weil er nasse Wasserfarbe an seiner Hand hatte. „Moritz hat angefangen", sagt er. „Was?", entgegnet Moritz. „Stimmt ja gar nicht, du hast angefangen zu malen." „Aber du hattest die Idee, Moritz", erinnert Lasse ihn. „Du hast gesagt: Komm, wir malen die Wand an."

„Aber du hast sie zuerst angemalt", erklärt Moritz noch einmal. Lasse ärgert sich. Er denkt, Moritz sei schuld und Moritz denkt, Lasse sei schuld.

Gaby sagt: „So, jetzt setzt euch beide mal hin und denkt nach, wer etwas falsch gemacht hat. Und dann reden wir darüber."

Immer reden, denkt Lasse, *das mag ich nicht. Der Moritz war schuld*. Doch eigentlich weiß er ganz genau, dass beide etwas falsch gemacht haben. Er kann nicht einfach die Schuld auf Moritz schieben.

Er wusste ja auch, dass man keine Tapete anmalen darf und hat es trotzdem getan.

„Ja, wir waren es beide", sagt er. Moritz stimmt ihm zu. „Ja, wir haben das zusammen gemacht", erklärt er.

„Entschuldigung", sagen sie. „Okay, ihr habt euch entschuldigt", erklärt Gaby. „Wir gucken uns morgen die Wand noch einmal an. Vielleicht muss sie sogar neu gestrichen werden. So etwas dürft ihr nicht noch einmal machen", sagt sie.

Das werden sie nicht tun, ganz bestimmt nicht. Schade, jetzt haben sie nicht mehr viel Zeit zum Fußballspielen, weil sie so lange putzen mussten. Hoffentlich ist in den nächsten Tagen auch schönes Wetter, damit sie draußen spielen können.

Danke, Lasse

Lasse und Moritz sitzen am Maltisch. Moritz möchte ein richtig schönes Bild malen. Seine Mama hat nämlich am nächsten Tag Geburtstag. Da braucht er doch ein Geschenk. Er wird es zu Hause in seinem Kinderzimmer verstecken und es ihr dann am nächsten Morgen schenken.

Moritz malt einen schönen blauen Himmel und eine Sonne. Die Sonne bekommt ein lachendes Gesicht. Seine Mama mag es, wenn er eine Sonne malt, die fröhlich aussieht. Und sie hat gerne Blumen. Deshalb malt Moritz eine Wiese mit lauter bunten Blumen.

Er strengt sich sehr an. *Bestimmt wird Mama sich freuen*, denkt er. Doch, was ist das? Oh nein, das darf doch nicht wahr sein. Der kleine Ercan hat aus Versehen seinen nassen Wasserfarbpinsel über Moritz' Bild gehalten. Und jetzt ist mitten auf Moritz' schönem Geburtstagsbild ein richtig hässlicher Fleck.

„Ercan", ruft er laut, „was machst du denn? Spinnst du? Mein schönes Bild."

Er möchte noch weiter schimpfen, aber Ercan hat so einen Schreck bekommen, dass er ganz ängstlich guckt. Lasse tröstet Ercan. „Du hast es ja nicht extra gemacht", sagt er. Moritz ist richtig traurig. Er hatte sich so viel Mühe gegeben. Und jetzt muss er alles noch einmal malen?

Er schaut Lasse an und zieht eine Grimasse. „Oh nein", sagt er, „guck mal, was Ercan gemacht hat. Jetzt ist mitten auf meinem Bild ein brauner Fleck."

In diesem Moment ruft Caroline: „Moritz, du wirst

abgeholt, deine Mama ist da." Moritz antwortet schnell: „Ich komme gleich, nicht reinkommen, Mama."

Oh nein. Was soll Moritz denn nun machen? Jetzt hat er kein Geschenk für seine Mutter.

Doch Lasse hat eine Idee. Schnell läuft er zu seinem Fach. Da liegt ja noch der Hund aus Pappe, den Lasse gestern ausgeschnitten hat. Lasse nimmt schnell etwas Kleister aus dem Schrank und klebt den Hund über den Fleck auf Moritz Bild. Jetzt sieht man den Fleck gar nicht mehr. Und das Bild sieht schöner aus als vorher.

Moritz freut sich sehr. „Danke, Lasse", sagt er.

Schnell rollt Moritz sein Bild zusammen und ruft: „Mama, Augen zu! Du darfst nicht sehen, was ich in der Hand habe!" Dann versteckt er das Bild in seinem Rucksack.

Bevor er nach Hause geht, läuft er noch einmal zu Lasse. „Das war aber eine gute Idee. Danke, dass du mir geholfen hast."

Lasse lächelt ein bisschen. „Wir sind doch Freunde", erklärt er.

Die beiden Freunde lachen sich an.

Lasse fühlt sich so gut wie ein Gewinner.

Das kann doch mal passieren

Das ist aber lustig heute. Die Kinder spielen: Tiere raten. Moritz hat ein Tier aufgemalt. Die anderen Kinder dürfen aber noch nicht sehen, welches Tier es ist. „Wer möchte raten?", fragt er. Emily ruft: „Ich, ich möchte raten."

„Dann mach mal die Augen zu", fordert Moritz sie auf. Emily macht die Augen zu und Moritz zeigt den anderen Kindern, welches Tier er gemalt hat. Nun muss Emily das Tier erraten.

„Hat es vier Beine?", fragt sie. „Ja!", rufen die Kinder.

Emily überlegt. „Ist das Tier klein?"

„Nein", meint Samantha.

„Ist es groß?", fragt Emily.

„Ja, sehr groß!", ruft Ercan.

„Hat es einen langen Hals?" Emily denkt nämlich, es könnte eine Giraffe sein.

„Nein", sagt Collin.

„Lebt es in Deutschland?"

„Nein", sagt Lasse.

„Nur wenn es mit dem Zirkus hierherkommt", ruft Amelie.

„Ach, jetzt hast du verraten, dass es ein Zirkustier ist!", schimpft Lasse.

„Ist es ein Elefant?", rät Emily.

„Richtig!" rufen die Kinder und klatschen. Manche rufen: „Törö, Törö!"

„Wer möchte jetzt raten?", fragt Moritz.

Plötzlich zeigt Lasse auf Elias Platz. „Was ist das denn? Wieso ist es so nass unter Elias Stuhl?", fragt er.

123

Alle Kinder gucken zu Elias. „Seine Hose ist auch nass!", stellt Merle fest.

„Elias hat in die Hose gemacht!", ruft Collin.

„Iiiiiiiiiiiiiiih!", schreit Emre.

Elias fängt an zu weinen und schaut nach unten.

Gaby geht zu ihm und sagt: „Komm, Elias, du kannst dich eben umziehen. Ich helfe dir."

„Der hat in die Hose gemacht", rufen mehrere Kinder und verziehen den Mund. Einige lachen.

„Elias ist ein Baby, er macht noch in die Hose!", schreit Paul.

Gaby kommt mit Eimer und Lappen und wischt mit einem feuchten Tuch den Stuhl und den Boden sauber. Dazu hat sie rosa Plastikhandschuhe angezogen. Das sieht irgendwie lustig aus.

Caroline bittet: „Kinder, jetzt hört doch mal auf zu lachen. Es kann doch mal passieren, dass ein Kind in die Hose macht. Elias zieht sich jetzt um und seine Mama wäscht die Hose. Jedem kann mal was Peinliches passieren."

Die Kinder werden ein bisschen ruhiger. Moritz und Lasse denken an die bemalte Wand. Ja, das war auch nicht toll, was sie da gemacht hatten.

„Wenn Elias gleich wieder reinkommt, dann lachen wir nicht", sagt Moritz.

Die anderen Kinder gucken ihn verwundert an. Aber tatsächlich, sie hören auf ihn.

Als Elias wieder in den Gruppenraum zurückkehrt, sagt Amelie: „Ist ja nicht so schlimm, Elias."

Elias guckt weg. Er schämt sich ein bisschen.

Nun können die Kinder weiterspielen.

Moritz fragt: Wer möchte jetzt raten? Alle Kinder melden sich. Moritz nimmt Emre dran.

„Und wer möchte ein Tier aufmalen? Finja, du?", fragt Moritz.

Finja überlegt.

Dann malt sie einen Affen. Affen sind nämlich ihre Lieblingstiere.

Emre fragt: „Kann das Tier fliegen?"

Alle Kinder lachen. Ein Affe, der fliegen kann. Das gibt es ja gar nicht.

„Nein, das Tier kann nicht fliegen", lacht Paul.

Ob Emre das Tier erraten wird?

Es macht Spaß, miteinander zu spielen. Emily schaut sich im Kreis um.

Elias ist der kleinste. Er lächelt schon wieder ein bisschen. Emre sieht richtig lustig aus mit seiner Igelfrisur. Und Samantha könnte eine Prinzessin sein mit ihrer schönen dunklen Haut und den langen schwarzen Haaren.

Wir alle gehören zusammen, denkt sie. *Das ist schön. Danke, lieber Gott, für meine Kindergartengruppe.*

Eine brillante Kinderbibel.

Sally Lloyd-Jones:

Die Gott hat dich lieb Bibel

Gebunden · farbig
19,5 x 16 cm · 352 Seiten
ISBN 978-3-86591-432-3

Es gibt jede Menge spannender Geschichten in der Bibel, aber eigentlich erzählen sie alle zusammen eine ganz große Geschichte. Sie handelt von Gottes großem Rettungsplan für seine Kinder. Und dieser Plan dreht sich um Jesus.

Jede Geschichte flüstert seinen Namen. Wunderschön erzählt und illustriert lädt diese außergewöhnliche Bibel Kinder (und ihre Eltern) dazu ein, auf eine Entdeckungsreise durch die größte Geschichte aller Zeiten zu gehen – und herauszufinden, dass es auch ihre eigene Geschichte ist.

Für Kinder ab 4 Jahren.